Heinrich Preschers

Wichtige Urkunden zur ferner Aufklärung der Klagen wider die päbstlichen Nuntiaturen

Heinrich Preschers

Wichtige Urkunden zur ferner Aufklärung der Klagen wider die päbstlichen Nuntiaturen

ISBN/EAN: 9783744635790

Hergestellt in Europa, USA, Kanada, Australien, Japan

Cover: Foto ©Lupo / pixelio.de

Weitere Bücher finden Sie auf www.hansebooks.com

Wichtige Urkunden

zur

fernern Aufklärung

der Klagen

wider

die Päbstlichen Nuntiaturen

im Deutschlande.

1 7 8 7.

Vorrede.

Ganz Deutschland ist auf die Fälle aufmerksam, welche die päbstlichen Nuntiaturen in Deutschland, besonders jene zu Köln und München betreffen. Jedermann urtheilt davon entweder nach seinem Gutgedünken, oder je nachdem er das, was er

da=

davon weis, aus reinen oder unreinen Quellen geschöpft hat. Eben darum aber, weil dergleichen Fälle öfters auf eine ganz verschiedene Art erzählt werden, so können wohl auch die Urtheile darüber (bald zum Nachtheile dieses, bald jenes Theils) nicht anders als sehr verschieden ausfallen; wenn man dem Publikum nicht eine wahre, ächte und vollständige Nachricht davon mittheilt.

In diesen wenigen Bogen wird also dem freundschaftlichen Leser der wahre Ursprung, Fortgang, und gegenwärtige Zustand der Sache durch ächte und unstreitige Urkunden vor Augen gelegt, worüber denn Jedermann, der sie liest, und noch von

kei-

keinem Vorurtheile eingenommen ist, in den Stand gesetzt wird so auf eine Art davon zu urtheilen, wie sich die Sache wirklich verhält, und nicht bloß, wie sie sich manchem zu verhalten schien. *

Der

---

* Es ist zwar bisher folgendes Werkchen in französischer Sprache erschienen: Veritable Etat du different Elevé entre le Nonce apostolique Resident à Cologne & les trois Electeurs Ecclesiastiques au sujet d'une lettre circulaire addressé aux Curés de leurs diöceses. A Düsseldorf chez Pierre Kaufmann 1787. Weil aber die Urkunden darinn nicht vollständig sind, so hat man ein anderes Werkchen von dieser Gattung in den Druck legen, und dadurch, was zur gänzlichen Einsicht der Sache noch mangelt, ersetzen wollen.

Der erste Theil dieses Werkchens enthält diejenigen Urkunden, welche die Gerichtbarkeit der päbstlichen Nuntiaturen in Deutschland betreffen. Weil es sich aber bey den gegenwärtigen Zeitläufen, in denen die Freyheit nach Willkühr zu denken, wie es jedem beliebt, gar über alle Gränzen schreitet, und sich auch um Glaubenssachen fragt, so folgen im zweyten Theile diejenigen Urkunden, wodurch der Apostolische Stuhl die Reinigkeit des katholischen Glaubens durch alle jene Mittel aufrecht zu erhalten sucht, die Kraft der ihm selbst von Christo dem Herrn mitgetheilten Gewalt, in seinen Mächten stehen

Der

Der Gott des Friedens erhalte die Einigkeit der Glieder mit ihrem Haupte ohne Spaltung; und die Heiligkeit der katholischen Glaubenslehre ohne Vermischung mit Irrthümern. Und das ist der Wunsch aller rechtschafnen und gut denkenden Katholiken.

Zu fernern Aufklärung der Urkunden des ersten Theils wird nächstens ein anders Werk nachfolgen: Frage: Ist die Gerichtbarkeit der päbstlichen Nuntien in Deutschland den Reichsgesetzen und der Reichsverfassung zuwider? Daß sie aber den Reichsgesetzen, und der Reichsverfassung nicht zuwider sey, wird in diesem Werkchen mit den deutlichsten Beweisgrün-

gründen aus dem geistlichen Rechte, aus der ununterbrochnen bisherigen Gewohnheit, aus der Kirchen- und Reichsgeschichte dargethan werden.

Wichti-

Wichtige Urkunden

zur

fernern Aufklärung der Klagen

wider

die Päbstlichen Nuntiaturen

im Deutschlande.

I.
COPIE
DE LA LETTRE
DE
Mgr. ARCHEVÊQUE ELECTEUR DE COLOGNE.
à
Mgr. LE NONCE DE COLOGNE.

Monsieur !

Par un rapport de mon Vicaire General à Cologne j'ai été informé, que vous aviez dispensé la Comtesse de Blankenheim, & le Prince de Hohenlohe Bartenstein dans le second degré de consanguinité. Vous vous persuaderez sans doute, que ce seroit donner lieu à des confusions perpetuelles, si des Evêques etrangers vouloient exercer une jurisdiction dans le Diocese d'un autre, & s'ingerer dans l'administration de ses Fonctions Episcopales. J'ose donc me flatter, Monsieur, que vous voudriez bien vous abstenir dans la suite de tout exercice de jurisdiction dans mon Archidiocese, & ne point me mettre dans la necessité de recourir aux moyens les plus efficaces pour en maintenir les droits; etant avec la plus parfaite estime

Monsieur

à Bonn le 9. Novemb. 1786.

à Monsieur	Le très affectionné
Mr. l'Archevêque de Damiete	Maximilien François Archevêque Electeur
Comte de Pacca	de Cologne.
à Cologne.	

I.

Abschrift

des Schreibens

des Erzbischofes und Kurfürstens zu Köln,

an den

Päbstlichen Nuntius Köln.

An den Herrn Erzbischof von Damiat Grafen von Pacca.

Köln.

Es ist mir von meinem Generalvikär zu Köln der Bericht erstattet worden, daß Sie der Gräfinn von Blankenheim, und dem Fürst Hohenloh Bartenstein im zweyten Grade der Blutsverwandschaft dispensirt haben. Sie werden Sich ohne Zweifel von selbst leicht überzeugen, daß es zu immerwährenden Verwirrungen Anlaß geben würde, wenn fremde Bischöfe eine Gerichtsbarkeit in dem Kirchsprengel eines andern Bischofes ausüben, und sich in die Administration der bischöflichen Functionen einmischen wollten. Ich getraue mir also zu schmeicheln, daß Sie Sich der Ausübung aller Gerichtsbarkeit in meiner Erzdiöces hinfür enthalten, und mich nicht in die Nothwendigkeit setzen werden, die kräftigsten Mittel zur Aufrechthaltung meiner Rechte ergreifen zu müssen. Ich bin übrigens mit vollkommenster Hochachtung

Ew.

Bonn den 9ten Novemb. 1786.

ergebenster

Maximilian Franz

Erzbischof und Kurfürst zu Köln.

II.

II.
RISPOSTA
DEL NUNZIO DI COLONIA
AL
BIGLIETTO DELL' ELETTORE.

Si è intefo, che per parte del Nunzio Apoftolico in Colonia foffe replicato alla lettera di quell' Elettore, che la difpenza Matrimoniale accordata alla Conteffa di Blankenheim, e Principe di Hohenloe Bartenftein, era proceduto per il di lui Canale, non come arcivefcovo di Damiata, ma come Nunzio del fommo Pontefice, che non potea per confequenza dirfi atto di giurisdizione di vefcovo Straniero, fe non puo effervi chiefa Cattolica nel Mondo, cui fia ftraniera la Giurisdizione del Primate: non potere il fommo Pontefice fenza prevaricare ne' doveri del fuo Apoftolico Miniftero, abbandonare l'oggetto importantiffimo della indennità, e falvezza delle cofcienze Cattoliche, rinunziare all' Epicheja delle difpenfe, fenza la quale neffuna Republica fuffifte, e neffuna Legislazione può effere opportuna; potere anche permettere il fupremo Paftore l'affurdo, o tollerare la perniciofa Teoria di qualche novatore, che ogni Vefcovo poffa nella fua Diocefi difpenfare dalle Leggi della univerfal difciplina; non effervi fe quefta Teoria fi ammetta più ordine, non più armonia, o uniformità, non

più

II.
Auszug
aus der Antwort
des Päbstlichen Nuntius zu Köln
an
den Kurfürsten zu Köln.

Es ist, so viel wir wissen, bekannt, daß der Erzbischof zu Damiat Pacca dermaliger Apostolischer Nuntius zu Köln Sr. Königlichen Hoheit mit aller geziemenden Ehrfurcht erklärt hat, daß die der Gräfinn von Blankenheim, und dem Fürst Hohenlohe Bartenstein ertheilte Dispensation von ihm nicht als Erzbischof von Damiat, sondern als Päbstlichem Nuntius ertheilt worden sey.

Daß also dieser Jurisdiktionsact um so minder als ein Jurisdictionsact eines fremden Bischofes angesehen werden könne, als ganz gewiß keine Kirche in der der ganzen Welt wahrhaft katholisch seyn kann, worinn die Jurisdiction eines Primatens als eine fremde Jurisdiction angesehen würde.

Der heiligste Vater könne seinem Rechte zu dispensiren nicht entsagen; denn im widrigen Falle würde er den Pflichten seines Apostolischen Amtes nicht genug thun, und sich sogar für das Gewissen und das Heil der katholischen Gläubigen zu sorgen weigern. Die Vorsicht der Dispensationen wäre so unentbehrlich, daß ohne dieselbe keine Republik bestehen, und keine Gesetzgebung nützlich seyn könnte. Es würde auch nicht nur sehr ungereimt, sondern sogar überaus schädlich seyn, wenn man den theoretischen Grundsatz eines gewissen Neulings gelten ließe, dem zufolge jeder Bischof in seiner Diöces in den Gesetzen der allgemeinen Kirchenzucht dispensiren könnte. Denn würde man diesen Grundsatz annehmen, so würde

più unità nella chiesa; nessun vescovo particolare sarebbe obligato osservare ciò, che la Chiesa universale hà ordinato, e le regole di un Concilio Ecumenico non più di forza, e stabilità avrebbero, che le parziali providenze del più piccolo Sinodo Diocesano. Pregava in questo Proposito Monsignor Pacca il serenissimo Elettore a consultare il Pontificio Breve diretto al serenissimo Elettore di Treviri, e il recente condannatorio del libro d'Elbel; si faceva poi a rimarcare, che quanto alle dispense Matrimoniali non potea L' A. S. rivocare in dubbio le facoltà della Sede Apostolica, dacchè Ella stessa le avea implorate, e per ultimo dicea ripromettersi, che l'equità di S. A. avrebbe trovata giustificata la condotta del Nunzio, e rapporto alle minaccie pregava S. A. a persuadersi, che la più sensibile, e la più amara per esso Nunzio sarebbe stata quella di perdere la grazia dell' A. S. non essendo per un Ministro della chiesa obbrobrioso, o denigrante l'incontrare qualunque danno, o qualunque mortificazione per l'adempimento de propri doveri &c.

de gar bald weder Ordnung, noch Uebereinstimmung, weder Gleichförmigkeit, noch Einheit und Kirchenzucht mehr in der Kirche seyn.

Auf diese Art wäre auch kein Bischof mehr dasjenige zu halten verbunden, was die ganze Kirche verordnet hat; und die kanonischen Gesetze eines allgemeinen Conciliums hätten keine größere Kraft, und Bestand mehr als die Particularverordnungen eines Diöcesansynods.

Gedachter Nuntius bat also seine Königliche Hoheit, daß Sie hierüber das an den durchleuchtigsten Kurfürsten von Trier erlassene Päbstliche Breve, und jenes andere unlängst gedruckte Breve, worinn das Buch: Was ist der Pabst? verworfen wird, einsehen und prüfen möchten.

Was aber gedachter Nuntius in Absicht auf die Dispensationen in Ehesachen beobachtet hätte, so könne darüber nicht die geringste Streitigkeit, oder auch nur der geringste Zweifel entstehen; nachdem Se. Königliche Hoheit selbst die Erlaubniß zu dispensiren öfter bey dem Apostolischen Stuhle nachgesucht, und sie auch erhalten haben.

Gedachter Nuntius hofte also von der Billigkeit und Gerechtigkeit Sr. Königlichen Hoheit, daß Sie Selbst aus diesen angebrachten Beweisgründen einsehen würden, wie er ganz ordentlich zu Werke gegangen sey.

Endlich gab er Sr. Königlichen Hoheit zu erkennen, daß ihm keine Drohung jemal so schwer fallen würde, als die Androhung des Verlustes der Königlichen Gnade und Gewogenheit. Uebrigens würde es keinem Diener der Kirche weder zur Schande, noch zum Schimpfe gereichen, wenn ihm deßwegen mit Gewaltthätigkeit begegnet würde, weil er seinen Amtspflichten genau nachgekommen ist.

III.

III.

BIGLIETTO
DEL CARDINAL BONCOMPAGNI
AL
MARCHESE ANTICI.

Alla Rappresentazione verbale fatta dal Marchese Antici, che in nome del Signore Elettore di Colonia si dolse, che ad altri, fuorchè all' A. S. Nostro Signore avesse commesso di dispensare negli impedimenti matrimoniali frà la Contessa di Blankenheim, ed il Principe d'Hohenloe Bartenstein; e similmente, che il delegato Pontificio non siasi prima accreditato presso L'A. S. e che in fine siasi per una tal Dispensa trascurato l'attestato dell' Ordinario: si è inteso, che il S. P. per mezzo del suo ministro facesse replicare al ministro Elettorale; che l'escludere alla sede Apostolica la Facoltà di aver Delegati anche diversi dagli Ordinari, sarebbe lo stesso, che rivocare in dubbio il diritto più antico, che fino i Canoni Sardicensi hanno supposto, e la chiesa universale in tutti i secoli venerato, e turbare un possesso il più pacifico ritenuto anche, ed esercitato senza contrasto in Colonia sotto il med. odierno degnissimo Arcivescovo e solo per le infauste, e indirette egreserenze per la Nunziatura di Monaco contrastato. Trovarsi

III.
Auszug
aus der Antwort
Seiner Eminenz des Kardinal Staatssecretairs
an den
Herrn Marquis Antici.
Vom 23. Decemb. 1786.

Der Kardinal Boncompagni hat Seiner Heiligkeit diejenige Klage hinterbracht, die ihm der Marquis Antici mündlich im Namen des Herrn Erzbischofes und Kurfürsten von Köln vorgestellt haben.

1) Daß die Kommißion in den Ehehinderniſſen zu dispensiren, vielmehr jemand autern, als selbst dem durchleuchtigsten Kurfürsten und Erzbischof übertragen worden sey.

2) Daß derjenige, der diese Kommißion gehabt hat, sie nicht zuvor öffentlich von Sr. Königlichen Hoheit recognosciren ließ.

3) Daß in die Ehedispensation, wovon die Frage ist, das Zeugniß des ordentlichen Bischofs nicht voraus gegangen sey.

Man sagt, daß Seine Päbstliche Heiligkeit durch ihren Minister dem Hrn. Marquis Antici, und durch ihn dem durchleuchtigsten Hrn. Kurfürsten folgendes antworten ließen.

Daß man dem Apostolischen Stuhle das Recht Delegaten zu halten, die von den ordentlichen unterschieden sind, nicht absprechen könne, außer man wolle dieses sein uraltes Recht in Zweifel ziehen. Dieses Recht wurde schon selbst von den Sardicensischen Kanonen vorausgesetzt, und wäre von der ganzen Kirche von allen Jahrhunderten bis itzt her mit Ehrfurcht

varsi dal S. P. giustissime le altre due avertenze dell' A. S. Analoghe alla Massima, ed alla Prattica costantemente osservata dalla Sede Apostolica, e scrupolosamente rispettata dal regnante sommo Pontefice; ma pergarsi il candore dell' A. S. ad indicare cosa potea farsi o dal Papa, o dal suo ministo per accreditarsi, e presentarsi a S. A. che non sia stato fatto per loro; quantunque sia stato fatto senza nessun successo, e non senza molti argomenti di cordoglio, e di mordificazione. Sù di che pregavasi L' A. S. ad aver presente con quanta insistenza Monsignor Bellisomi avea prima dell' arrivo di Monsignor Pacca ricercato il permesso di presentarlo; con quanta puntualità, subito arrivato il nuovo Nunzio, denunziò all' A. S. il Suo arrivo, non ignorando il med. i Brevi e Credenziali, e commendatizj pieni di paterna cordialità, e di fiducia, onde il S. Padre avea accompagnato presso L' A. S. il nuovo Nunzio. Soggiungeva, che pur troppo la non attesa, e non meritata prevenzione, onde la Religione dell' A. S. era stata sorpresa contro la Nunziatura di Monaco, fece sì, che i Brevi egualmente, che la Persona di Monsignor Pacca non fosser ricevuti, e che si lesse dal S. Padre con la maggior sensibilità del suo animo il Bigietto dè 7. giugno 1786 dal serenissimo Elettore diretto a Monsignor Bellisomi, contenente questa medesima umiliante esclusiva. Si faceva poi a rimarcare, che quanto agli attestati nulla di più giusto, e nulla di più congruo, che dalla S. Sede siano valutati, ed attesi, quando li neghino, o li concedano gli ordinari dipendentemente dalle circostanze,

furcht anerkannt worden. Wenn man dieses Recht widersprechen wollte, so wäre das eine neue Lehre, wodurch der Apostolische Stuhl in seinem bisher immer ohne Widerrede achtbten ruhigen Besitze eines Rechtes gestöret würde, daß selbst zu Köln, und zwar selbst unter dem dermaligen würdigsten Erzbischofe ohne Widerrede ausgeübt worden ist. Diese Streitigkeit käme also nur von den unglücklichen und bisher nicht unmittelbar gehörigen Beschwerden her, die wegen der Nuntiatur zu München erregt worden sind.

Er fügte hinzu, der heiligste Vater fände nunmehr zwo andere Bemerkungen Seiner Königlichen Hoheit vorzustellen eben darum sehr billig, weil sie dem System, und den Maaßregeln gleichförmig wären, die beständig und von jeher sowohl von Seiten Seiner Königlichen Hoheit, als von Seiten Seiner Päbstlichen Heiligkeit sehr genau in Anwendung gebracht worden sind.

Er versähe sich zu den aufrichtigsten Gesinnungen Seiner Königlichen Hoheit, und wünschte zu erfahren, was noch von Seiten Seiner Päbstlichen Heiligkeit, oder von ihrem Minister hätte geschehen können, was noch nicht geschehen wäre, daß nämlich gedachter Minister als solcher von Seiner Königlichen Hoheit anerkannt, und angenommen werden möchte. Und daß doch alle bisherige Bemühungen bis itzt noch ohne Erfolg blieben, und Seiner Päbstlichen Heiligkeit zu nicht geringer Betrübniß und Herzeleid gereichten.

Seine Königliche Hoheit würden Sich noch zu erinnern wissen, wie sehr sich der Nuntius Bellisomi noch vor der Ankunft des Nuntius Pacca bemühet habe, ihn Seiner Königlichen Hoheit vorstellen zu dürfen. Kaum wäre auch der neue Nuntius Pacca angekommen, so hätte gedachter Nuntius Bellisomi Er. Königlichen Hoheit seine Ankunft eröffnet. Endlich wären auch Seiner Königlichen Hoheit diejenigen Breven und Empfehlungsschreiben nicht unbekannt gewesen, die voll Zutrauens und väterlicher Liebe sind, womit Se. Päbstliche Heiligkeit den neuen Nuntius an Se. Königliche Hoheit begleitet hätten.

ftanze, e ragioni, che animino, ed inveftano l'affar medefimo: mà quando talvolta per Maffima fi negaffero, e all' oggetto d'impedire, e di rendere nulla l'Epicheja del legittimo Ecclefiaftico Superiore; L'attenderli allora farebbe lo fteffo, che rendere il Superiore all' Inferiore foggetto, privare la Gerarchia Ecclefiaftica di un' Autorità, che n' è un effenziale coftitutivo, e torre alla cofcienza de' Fedeli una riforfa, ed un compenfo in alcuni cafi indifpenfabile. Dicea infine, riprometterfi il S. P. dallo zelo del fud. Marchefe Antici, e dall' equità di S. A., che avrebber potuto quefte ragioni dileguare ogni equivoco, ed impedire què paffi eftremi, che par fi vogliano far afpettare, e che potrebbero accrefcere afflizioni, ed il cordoglio all' animo del S. P. ma che non l'indurreber mai a rinunziare il Dritto effenziale del fuo Primato.

Er bemerkte zugleich daß die ganz unerwartete und unverdiente Prävention, wodurch Se. Königliche Hoheit gegen die Nuntiatur zu München eingenommen waren, hinderte, daß weder die Breven, noch selbst der Nuntius Pacca angenommen wurde. Selbst Se. Päbstliche Heiligkeit hätten nicht ohne innigste Betrübniß das vom durchleuchtigsten Kurfürsten an den Nuntius Bellisomi unterm 7. Junius gestellte Schreiben gelesen, worinn diese sehr erniedrigende Exclusiva enthalten war.

Was die Zeugnisse bey Dispensationen in Ehesachen beträffe, welche die ordentlichen Bischöfe entweder verweigern, oder nach Umständen und Gründen in Absicht auf die Sache selbst ertheilen, so wäre es nichts anders als billig und geziemend, daß man darauf Rücksicht nähme. Wenn man sie aber auch in demjenigen Falle erwarten wollte, in welchem sie in Absicht der Gewalt des rechtmäßigen Obern Hinderniß in den Weg zu legen, oder sie zu vereiteln, geflissentlich abgeschlagen würden, so wäre das nichts anders, als die höhere Obrigkeit der niedrigern unterwürfig machen wollen. Dadurch würde auch nicht nur der Kirchenhierarchie diejenige obrigkeitliche Gewalt entrissen, die ihr Hauptfundament ist, sondern dem Gewissen der Gläubigen würde auch die in gewissen unausweichlichen Fällen nöthige Compensationszuflucht benommen werden.

Endlich fügte er hinzu, daß sich Seine Päbstliche Heiligkeit der Selbsteigenen Einsicht des Hrn. Marquis, wie auch der Billigkeit Seiner Königlichen Hoheit versähen, und versprächen sich davon, daß durch diese wichtigen Gründe alle Zweifel gehoben, und dadurch der äußersten Gewaltthätigkeit, womit man zu drohen schiene, Einhalt gethan werde; denn diese könnten zwar die Betrübnis und das Herzenleid Seiner Päbstlichen Heiligkeit vergrössern; aber es nicht dahin bringen, daß Seine Päbstliche Heiligkeit dem Fundamentalrechte Ihres Primats entsagen würden ic.

IIII.

VENERABILI FRATRI

MAXIMILIANO,

ARCHIEPISCOPO COLONIENSI, ET EPISCOPO MONASTERIENSI, S. R. I. PRINCIPI ELECTORI.

PIUS PP. VI.

Ven. Frater Salutem &c. Retulit Nobis Dilectus Filius Marchio Antici tuorum Negotiorum apud Nos Adminifter querelas Tuas de Ven. Fratre Bartholomaeo Archiepifcopo Damiatenfi Apoftolico ad Tractum Rheni Nuntio, propterea quod Declarationem Encyclicam emiferit pridie kal. Decembris Typis editam, (cum grave nimis fuiffet, eamdem tot exemplis perfcribere), in qua agitur de Difpenfationibus ab impedimentis Matrimonii. Eas querelas non tam in illum, quam in Nos ipfos cadere perfpicue agnofcimus, cum a Nobis, ut illam Declarationem emitteret, habuerit in mandatis. Maximum inde Animo moerorem cepimus, cum Te, Ven. Frater, in tales contra Nos querelas prorumpere videremus. Facile Tu ipfe ex ejusdem declarationis lectione intelligere potuifti, quae Nos caufae ad id fufcipiendum Con-

fili-

IIII.

An unsern ehrwürtigen Bruder

Maximilian,

Erzbischof zu Köln, Bischof zu Münster, des H. R. Reichs Fürsten, und Kurfürsten.

Pius VI. Römischer Pabst.

Ehrwürdiger Bruder! Unsern Gruß zuvor. Es hat Uns unser geliebter Sohn Dein Geschäftträger bey Uns der Marquis Antici Deine Beschwerden über unsern ehrwürdigen Bruder Bartholomäus den Erzbischof zu Damiat und Apostolischen Nuntius am Rhein hinterbracht, daß er den letzten November eine Circularbeclaratiton (welche hier in ihrem vollen Inhalte anzuführen zu beschwerlich wäre) in Betreff der Dispensationen in den Ehehindernissen in den öffentlichen Druck gelegt habe. Daß diese Beschwerden nicht so fast ihn, als selbst Uns angehen, sehen Wir deutlich genug; denn selbst von Uns hatte er den Auftrag, gedachte Declaration zu erlassen. Es gereichte Uns aber in der That zum größten Herzensleide, da Wir Dich in solche Klagen gegen Uns ausbrechen sahen. Du hättest bey Durchlesung dieser Declaration leicht Selbst abnehmen können, aus was für Gründen Wir diesen Entschluß gefaßt haben, und wie nöthig es allerdings gemäß Unserer Obersorgfalt über alle Kirchen war, denen, die es angeht, bekannt zu machen, daß diejenigen Dispensationen in Ehehindernissen ungültig sind, die, wie Wir vernehmen, in einigen Diöcesen von einigen Erzbischöfen in gewissen Graden ertheilt werden, welche in den vom Apostolischen Stuhle erhaltenen Erlaubnissen zu dispensiren nicht ausdrücklich genannt und enthalten sind. Es fragt sich um eine Sache von größter Wichtigkeit, um die Gültigkeit nämlich des heil. Sacraments der Ehe, in welchem Falle es nicht erlaubt ist, ein sicheres Mittel, das man bey der Hand hat, auf

filium impulerint, quamque omnino necesse Nobis fuerit pro Nostra Ecclesiarum omnium solicitudine iis, ad quos pertinet, constare facere, irritas esse Matrimoniales Dispensationes, quas ad Nos pervenerat in quibusdam Dioecesibus a nonnullis Archiepiscopis concedi in gradibus nequaquam expressis, aut comprehensis, in Facultatibus a Sede Apostolica impetratis. Cum de maximi momenti re; de validitate scilicet Sacramenti Matrimonii ageretur, in quo illicitum est quidquam incerti adhibere, medio certo praetermisso, quod adhiberi potest; num dissimulare potuimus, quin eos omnes, quos oporteret, instructos, monitosque redderemus de perscriptis per Nos Facultatum dispensandi limitibus, quos ultra si Dispensatio fieret, suffragatura esset nemini, neque validum futurum matrimonium, neque legitimam sobolem ex illo orituram. Sed ut clarius agnoscas, per Nuntium Apostolicum ob declarationem a Nobis sibi mandatam nihil injuriae Episcopali Tuae Jurisdictioni irrogatum esse, repetemus hic tibi aliaque adjungemus rationum momenta, quibus benevole, paterneque exposueramus Ven. Fratri Archiepiscopo Trevirensi, cum sub finem anni 1782 a Nobis petiisset facultatem dispensandi ab omnibus impedimentis matrimonialibus juris humani pro subditis Austriacis in ejus Dioecesi existentibus, Nosque qui rescribentes probassemus ex allata tunc ab illa causa satisfieri ejus postulatis non posse. Praemittimus Sanctionem Concilii Trid. Sess. 24 de Matrim. Can. 4. — Si quis dixerit Ecclesiam non potuisse constituere impedimenta matrimonium dirimentia, vel in iis constitu-

en-

die Seite zu sehen, und sich eines unsichern dafür zu bedienen. Hätten Wir also wohl zurückhalten können, und hätten Wir diejenigen, die es angeht, nicht warnen, und von den von Uns in Betreff der Erlaubnisse zu dispensiren vorgeschriebene Gränzen nicht unterrichten sollen, bey denen, wenn sie überschritten werden, die Dispensation Niemand zu guten kömmt, die künftige Ehe ungültig wird, und kein rechtmäßiges Kind daraus erzeugt werden kann.

Dir aber deutlicher zu erkennen zu geben, daß deiner bischöflichen Gerichtsbarkeit durch unsern Apostolischen Nuntius wegen der ihm von Uns aufgetragenen Declaration nicht der geringste Eingriff geschehen sey, wollen Wir Dir nebst Beyfügung noch anderer Beweisgründe hauptsächlich diejenigen vor Augen legen, die Wir geneigt und väterlich unserm ehrwürdigen Bruder dem Erzbischofe von Trier vor Augen gelegt haben, da er Uns zu Ende des 1782sten Jahres um die Erlaubniß für die österreichischen Unterthanen in seiner Diöces in allen denjenigen Ehehindernissen, welche durch das menschliche Recht eingeführet sind, dispensiren zu dürfen gebethen hat. Wir haben ihm aber zurückgeschrieben und bewiesen, daß eben der Ursache halber, die er selbst angebracht hat, seinem Begehren nicht statt gethan werden kann.

Wir setzen zuförderst die Verordnung des Conciliums zu Trient sess. 24. de Matrim. can. 4. voraus: „Wenn Jemand behaupten würde, daß die „Kirche keine Hindernisse verordnen könne, die die Ehe trennen, oder daß „sie sich in Verordnung derselben geirrt habe, so sey er im Banne." Aus einem solchen dogmatischen Gesetze, das sich auf die ältesten Urkunden gründet, erhellet sonnenklar, daß es bloß dem Römischen Pabste als dem Oberhaupte der ganzen Kirche allein zustehe, in den von der Kirche selbst verordneten Ehehindernissen zu dispensiren. Und auf diese Art hat in der That der heil. Gregorius der Große den neubekehrten Engländern in gewissen Grade dispensirt, wie es aus seinem Briefe an Felix Meßan. Regest. l. 14. epist. 17. erhellet. Auch *Innocentius III.* hat Otto dem IV. das Ehehinderniß im vierten Grade der Blutsverwandtschaft doch unter der Be-

bing.

endis erraffe, Anathema fit. — Ex dogmatica hujusmodi 'ege antiquiffimis innixa documentis aperte intelligitur ad folum Romanum Pontificem tanquam Univerfae Ecclefiae caput fpectare Difpenfationem a conftitutis in ipfa Ecclefia impedimentis; ut revera S. Gregorius M. difpenfaverat, in aliquibus gradibus Anglorum gentem tunc ad Fidem converfam, quod patet ex ejus Epiftola ad Felicem Meffanenfem in Regeft. Lib. 14. Epift. 17. & Innocentius III. relaxaverat Othoni IV. impedimentum in quarto Confanguinitatis gradu fub ea lege, ut duo ampliffima Monafteria Otho fundaret, omneque per Imperium largis eleemofynis, & ferventibus Orationibus iftius Ecclefiae difciplinae vulnus compenfaret. In eo fex feculorum ab uno ad alterum Pontificem elapforum intervallo nullus reperitur Epifcopus, qui aufus fuerit aliquam in gradibus matrimonialibus Difpenfationem concedere. Ipfum porro Concilium Colonienfe habitum anno 1536 decrevit Can. 46. — Quod ad gradus Confanguinitatis, ac affinitatis attinet, qui matrimonium contrahendum, ac contractum dirimunt, Decretum Concilii generalis obfervabitur = excepto cafu = ubi Romanus Pontifex difpenfationis Diplomate Matrimonium fecus contractum approbandum jufferit. = Et fane evidentiffime iftud evincitur ex difputatione habita inter Patres Tridentinos, nimirum utrum conveniens effet, ut Poteftas difpenfandi faltem in quarto gradu Epifcopis concederetur. Qua in Difputatione vicit Sententia Marci Antonii Bobba Epifcopi Auguftae Praetoriae Legati Ducis Sabaudiae, nimirum fimilem poteftatem non

effe

dingniß aufgehoben, daß er zwey sehr große Klöster stiften, und durch Austheilung reichlicher Almosen im ganzen Reiche, und durch ein inn‑brünstiges Gebeth diese Wunden der Kirchenzucht ersetzen solle. In jenem Zwischenraume der Zeit, die von einem Pabste zum andern ganze sechs hundert Jahre durch verlief, weis man von keinem einzigen Bischofe, der es gewagt hätte, eine Dispensation in den Graden der Ehe zu ertheilen. Selbst das Concilium, welches zu Köln im Jahre 1536 gehalten wurde, verordnet im 46sten Canon: „In dem, was die Grade der Blutsverwand‑
„schaft betrift, die entweder eine künftige, oder wirklich schon geschlosse‑
„ne Ehe trennen, muß die Verordnung des allgemeinen Conciliums ge‑
„halten werden, den Fall ausgenommen, in welchem der Römische Pabst
„durch ein Dispensationsdiplom eine anders geschlossene Ehe gutzuheißen
„befehlen wird." Eben dieses wird augenscheinlich und überzeugend aus der Streitfrage dargethan, welche die Väter zu Trient aufwerfen: ob es sich nämlich zieme, daß die Gewalt wenigstens im vierten Grade zu di‑spensiren den Bischöfen eingeräumet würde? Bey dieser Streitfrage er‑hielt die Meynung des Marellus Antonius Bobba Bischofes zu Kaiserstuhl und Gesandten des Herzogs von Savoyen die Oberhand, daß man näm‑lich eine solche Gewalt den Bischöfen nicht einräumen solle; wie auch dieses in den actis Paleotti nach dem Zeugniß des Pallavicinus eingetragen ist: Siehe Pallavicin. edit. Rom. 1664. Tom. 3. lib. 23. cap. 9. Num. 17. p. 767.

Nach dem Concilio zu Trient lesen wir in mehreren Provincialconci‑lien und vorzüglich im Concilio zu Tours im Jahre 1583. Tit. 9. de Ma‑trim. „Wir erklären, daß den Bischöfen weder im vierten Grade der
„Blutsfreundschaft und Anverwandschaft; noch in den verbothenen Gra‑
„den der geistlichen Anverwandschaft zu dispensiren erlaubt sey."

Und im Concilio zu Toulouse im Jahre 1590. Part. 2. cap. 8. de Matrim. Num. 3. „Die Pfarrer sollen diejenigen Personen zur ehelichen
„Einsegnung nicht annehmen, die ein Verwandschaftsgrad daran hindert,
„und das nicht einmal im Falle, wenn sie auch von den Gesetzen schon
„befreyt, und dispensirt sind, außer man hätte zuvor die Dispensation
„des Römischen Pabstes selbst eingesehen."

esse Episcopis concedendam, ut relatum in actis Paleotti testatur Pallavicinus Edit. Rom. 1664. Tom. 3. lib. 23. cap. 9. No. 17. pag. 767. Post Concilium Tridentinum legimus in pluribus Conciliis Provincialibus, & praecipue in Concilio Turonensi Anni 1583. Tit. 9. de Matrim. = In quarto Consanguinitatis & affinitatis, nec non cognationis spiritualis prohibitis gradibus supra expressis Episcopis dispensare non licere declaramus = & Concilio Tolosano anni 1590. Part. 2. Cap. 8. de Matrim. No. 3. = Quos cognationis gradus impedit, licet jam legibus solutos, & dispensatos, nisi visa prius Summi Pontificis Dispensatione, in matrimonii conjunctionem Parochi non recipiant. = Itemque in Concilio Diamperitano Anni 1599. Tit. de Sacram. Matrim. Decret. 6. No. 189. Ubi statuitur = Quia tamen potest aliquando contingere, ut justis de Causis, velint contrahentes Conjugium inire intra Gradus jure tantum positivo prohibitos, Matrimonium impedientes, si id contingat, petere debent Legis Ecclesiasticae relaxationem, vel a Sede Apostolica, vel a Praesule, qui a S. Sede ad id delegatam facultatem habuerit = ut legitur apud Mansium in Supplement. ad Collection. Labbe edit. Lucen. 1752. Tom. 6. Colum. 131. Consonant quoque Ritualia Ecclesiarum, & Canonistarum, Theologorumque catholice sentientium Conclusiones. Ac sane cum Principes & Electores Germaniae ad Pium VI. detulerint varia gravamina, inter quae numerabantur Dispensationes S. Sedi reservatae, idem Summus Pontifex respondit, illos = injustissima petere, nam ubi Archiepiscopi,

aut

So heißt es auch im Concilio zu Dieppe im Jahre 1599. Tit. de Sacram. Matrim. Decret. 6. Num. 189, wo verordnet wird: „Es kann sich „manchmal fügen, daß einige Personen aus gerechten Ursachen sich in „Graden verehlichen wollen, die vermöge des positiven Rechtes die Ehe „hindern. Geschieht nun dieses, so müssen sie um die Befreyung von „diesem Kirchengesetze entweder beym Apostolischen Stuhle, oder bey „demjenigen Prälaten anhalten, der vom heil. Stuhle eine delegirte Ge„walt dazu hat." Dieses alles findet man bey Mansi im Supplement. ad Collection. Labbe edit. Lucen. 1752. Tom. 6. Colum. 141. Hiemit stimmen auch alle Kirchenrituale, und Sätze aller gut katholischdenkenden Canonisten und Theologen ein.

Und wirklich! da die Fürsten und Kurfürsten Deutschlands Pius dem IV. verschiedene Beschwerden übergeben, worunter auch die dem heiligen Stuhle vorbehaltenen Dispensationen waren, antwortete ihnen dieser Römische Pabst: Daß ihre Bitten sehr ungerecht wären. Denn wenn die Erzbischöfe und Bischöfe die Macht haben, in Sachen zu dispensiren, die bloß in der Macht dieses heiligen Stuhles liegen, das ist, wenn die Untergeordnete und Untergebne im Gesetze ihrer Obern außer demjenigen Fällen dispensirten, in denen ihnen die Gewalt dazu ausdrücklich mitgetheilt ist, so wäre das ohne Zweifel allen Rechten, und aller Vernunft zuwider. So heißt es bey Rainald Continuat. Anal. Baronii edit. Lucen: vom Jahre 1756. Tom. 15. ad ann. 1563. Num. 44. pag. 371. art. 11. Und fürwahr! wenn die Bischöfe das Recht hätten, das selbst von der Kirche verordnete, und allenthalben in katholischen Ländern angenommene Gesetz der Ehehinderniße aufzulösen, so würde die ganze Kirchenzucht umgestoßen, das Oberhaupt würde den Gliedern untergeordnet, folglich wäre es um die ganze Kirchenhierarchie geschehen, die doch von Gott eingesetzt ist, wie überhaupt der heilige Pabst Nikolaus I. in seinem Briefe an den Kaiser Michael erklärt hat, der unter die Canon: inferior. distinct. 21. eingetragen ist. „Denn „es ist eine Glaubenslehre, daß die Gewalt und die Gerichtsbarkeit der „Bischöfe der Gewalt des Pabstes unterworfen sey, so daß sie den Statu„ten des Apostolischen Stuhles untergeben seyn müssen, wie es aus dem

Juri-

aut Epifcopi poteftatem habeant difpenfandi in his, quae in hujus S. Sedis Auctoritate conftituta funt, hoc eft inferiores, & fubditi in Lege Superiorum fuorum, nifi ubi eis hoc expreffe permittitur, omni juri, omnique rationi contrarium effe, indubitatum eft = ut legitur apud Rainaldum Continuat. Annal. Baronii edit. Lucen. anni 1756. Tom. 15. ad Ann. 1563. N. 44. pag. 371. art. 11. Ac profecto fi jus effet Epifcopis relaxare legem impedimentorum Matrimonialium ab Ecclefiae poteftate conftitutam, & ubique in catholicis ditionibus receptam, tota everteretur Ecclefiae difciplina, Caput fubjiceretur membris, ac proinde actum effet de Ecclefiaftica Hierarchia divinitus inftituta, ut generaliter declaravit S. Nicolaus PP. I. in epiftola ad Michaelem Imperatorem relata in Canon. Inferior. diftinct. 21. = Fidei enim dogma eft Epifcoporum authoritatem & jurisdictionem fubjectam effe Summi Pontificis authoritati, ut fubeffe debeant Sedis Apoftolicae Statutis, ut patet ex Jurisdictionis Primatu fingulari Chrifti munere Petro ejusque Succefforibus divinitus collato, quod quisque ex Catholicis fateri adftringitur, Nosque accurate probavimus Noftris Litteris in forma Brevis publicis typis evulgatis die 1. elapfi Menfis Decembris in damnatione libri Eybel: Quid eft Papa? quem reprobavimus tanquam continentem Propofitiones fchifmaticas, erroneas, inducentes ad haerefim, & haereticas & alias ab Ecclefia damnatas. Ex quibus liquet Primum ab Apoftolica Sede exerceri caepiffe difpenfationum matrimonialium poteftatem, & hunc ufum penes illam folam perfeveraffe, atque ad eandem folam pertinuiffe, prout

„ Jurisdictionsprimat erhellt, welches durch ein sonderheitliches Geschen-
„ ke dem Petrus und seinen Nachfolgern von Christo göttlich ertheilt wur-
„ de. „ Und das ist, was jeder, der Katholisch ist, zu bekennen verbunden ist, und was wir in jenem unserm Briefe gründlich erwiesen haben, worinn wir den 2ten des verflossenen Monats Decembers das Buch des Eybel: Was ist der Pabst? in Gestalt eines Breves im öffentlichen Drucke verdammt haben. Wir haben dieses Buch als ein Buch verworfen, welches Säze enthält, die eine Spaltung veranlassen können, die irrig sind, zur Kezerey verleiten, Kezerisch sind, und auch sonst von der Kirche schon verdammt waren. Woraus zugleich erhellet, daß der Apostolische Stuhl die Gewalt in Ehesachen zu dispensiren gleich anfangs auszuüben angefangen hat; daß der Gebrauch dieser Gewalt jederzeit bey dem Apostolischen Stuhle geblieben ist, und ihm allein zustand, wie dieses durch das Herkommen in der ganzen Kirche und durch die einstimmige Meynung jederzeit um so mehr anerkannt worden ist, als es nicht bekannt ist, daß andere Bischöfe sich diese Gewalt niemals anders als mit einem ausdrücklich vom heiligen Stuhle ertheilten oder präsumirten Privilegium zugeeignet haben.

Selbst in deinem Kölnischen Kirchensprengel haben die Erzbischöfe deine Vorfahrer bisher von dem heiligen Stuhle die Gewalt in denjenigen Graben zu dispensiren erhalten, die ausdrücklich in der Formel enthalten sind. Wenn aber du izt, Ehrwürdiger Bruder! Kraft eines eigenen Rechtes zu dispensiren anfängst, was hieß das anders, als dem heiligen Stuhl sein Recht gewaltthätig rauben, jenes Recht, welches er von den ältesten Zeiten her jederzeit allein ausgeübt, und von dessen Ausübung er in einem ununterbrochenen, beständigen, und in der Kirche angenommenen Besize bisher geblieben ist. Dieser so uralte Besiztitel muß ganz gewiß allein, und an sich selbst schon bey jedermann vollends gültig seyn, wenn auch keine andere Beweise da wären, die in seinem Primat gegründet sind.

Es kann auch in diesem Stücke kein Edikt des Kaisers entgegen gesezt werden, nachdem sein bereits schon genugsam bekanntes Concordat mit Uns vorhanden ist. Aus diesem erhellet, wie beyde darinn übereingekommen

ut totius Ecclesiae consuetudine & consensu fuit agnitum, cum alios Episcopos eam sibi facultatem assumsisse non constet, nisi cum S. Sedis expresso, vel praesumpto privilegio tueri se posse confiderent: Si nunc igitur in Dioecesi tua Coloniensi, pro qua hactenus Archiepiscopi tui praedecessores a S. Sede facultatem impetrabant dispensandi in gradibus expressis in Formula, si nunc inquimus, dispensari inciperet a Te, Ven. Frater, jure proprio; quid aliud ageretur, nisi ut S. Sedes suo spoliaretur jure, quod ab antiquissimo tempore sola semper exercuit, cujusque exercendi tenuit non interruptam, sed constantem, receptamque in Ecclesia possessionem. Qui certe tam inveteratus possessionis titulus, etiamsi alia deessent in suo Primatu constituta fundamenta, valere per se ipse plurimum apud omnes debent: Neque hic contra objici ullum Imperatoris edictum potest, cum ejusdem extet Nobiscum satis jam pervulgatum Concordatum. Ex eodem patet inter utrosque Nostrum convenisse, ut eae dispensandi ab impedimentis facultates, quae antea a Sede Apostolica concedebantur suarum Ditionum Episcopis, extenderentur imposterum etiam ad divitum matrimonia, ita tamen, ut in praefixos arctiorum graduum limites non transcurrerint. Ibidem igitur agnoscitur ad summos Pontifices dumtaxat pertinens, seu privativa ipsorum jurisdictio in impedimentorum Matrimonialium Dispensationibus, quoniam eadem uti conceditur Episcopis ex Pontificia delegatione, ipsique Pontifici adhuc reservatur usus concedendarum in arctioribus gradibus

men sind, daß alle diejenige Gewalt, welche vorhin schon den Bischöfen seiner Länder von dem Apostolischen Stuhle ertheilt war, sich hinfür auch auf die Ehen der reichen Leute, doch so, erstrecke, daß sie die vorgeschriebenen Gränzen der engern Grade nicht überschreiten. Dadurch wird also den Römischen Päbsten die Gerichtsbarkeit in den Ehehindernissen zu dispensiren als eine ihnen allein privatiszugehörige Gerichtsbarkeit zuerkannt; weil die Ausübung davon den Bischöfen aus Päbstlicher Delegation erlaubt; dem Pabste selbst aber die Ausübung in den engern Graden zu dispensiren noch vorbehalten wird. Hieraus läßt sich deutlich abnehmen, daß seine Kaiserliche Majestät in dieser Ihrer Convention mit Uns von dem vorhergegangenen Edikt selbst abzuweichen gewollt haben, worinn Sie den Bischöfen befohlen hatten nach ihrem Rechte vielmehr zu dispensiren, als ihre Untergebenen zu Gewissensängsten zu verleiten; oder auch den Weg zu Ehetrennungen zu eröfnen; indem, wenn die Eheleute manchmal uneinig werden, leicht ein Theil aus beyden eine Ursache zur Ehetrennung aus dem Grunde ergreifen könnte; weil die Dispensation der Bischöfe nichtig und ungültig wäre. Was würde aber hieraus für eine große Verwirrung, und fast unersetzlicher Schaden in der Katholischen Kirche, und selbst im gemeinen Wesen entstehen?

Das alles vorausgesetzt, und auf oben gedachte Declaration zurücke zu kommen, so glaubten wir: Es liege Uns ob, zu verhüten, daß dieser Irrthum sich nicht unter die Gläubigen einschleiche. Denn hätten wir durch unser Stillschweigen eine so große, und so wichtige Sache in der Ungewißheit gelassen; so hätte man Uns die Schuld dieses Irrthumes, und dieser Verwirrung beymessen können. Da wir also diese unsere sehr schwere Pflicht nicht unerfüllt lassen konnten, so waren wir doch darauf bedacht, daß bey dem Vollzuge dieser Sache die Art des Vollzuges keinem Tadel unterworfen seyn möchte. Wir ließen also nichts in gedachte Declaration einfließen, als was zur Sache gehörte, und das nur ganz einfach, und mit vieler Mäßigung. Wir ließen niemand ausdrücklich nennen. Wir ließen die Declaration selbst nirgendswo an öffentlichen Plätzen anschlagen, sondern nur behutsam von Hand zu Hand verbreiten. Wir hatten unser

D ein-

bus Dispensationum. Ex quo perspici poteft Caesaream Majeftatem in eadem Nobifcum conventione potius recedere voluiffe a praecedente edicto, in quo Epifcopis mandaverat, ut fuo jure difpenfationes facerent, quam fubjectos fibi Populos ad Confcientiae anguftias inducere, ac etiam aperire diffolvendorum Matrimoniam viam, cum exorto inter conjuges diffidio, facile eorum alteruter Caufam diffolvendi matrimonii arriperet, ex eo quod irrita, & nulla fuiffet Epifcoporum difpenfatio. Unde quanta rerum perturbatio, ac pene clades in Ecclefia Catholica, & in Republica oriretur? His omnibus praemiffis, ut ad illam declarationem redeamus, ad Nos unice fpectare videbamus, ne ille error inter fideles induceretur; Quoniam fi per Noftrum filentium tantam, tamque gravem rem in incerto reliquiffemus, nobis ipfis erroris, perturbationisque inde extiturae Caufa inputaretur. Cum igitur huic graviffimo muneri Noftro deeffe nequiverimus, cavendum tamen judicavimus, ne in tali exequenda re, ipfe agendi modus in ullam poffet reprehenfionem incurrere. Itaque nihil in ea declaratione, nifi moderate ac fimpliciter, quodque ad rem tantummodo faceret, perfcribere voluimus, expreffe nominari neminem, ipfam nullibi in publicis affigi locis, fed per manus caute diffundi, illud unice fpectantes, ne voftra lateret inftructio. Neque enim inficiari poteft, apertam aliquam effe debere fupremo Pafteri docendi fuas Oves, monendique viam, quae fie obftruatur, privetur ipfe impofito fibi a Chrifto Domino pafcendi munere. Sed nihil apud Te nec rationes Noftras, nec

hanc

einziges Augenmerk darauf, daß unser Unterricht nicht unbekannt blieb. Denn man kann doch einmal nicht widersprechen, daß dem Oberhirten ein Weg offen stehen muß, sein Schäfchen zu lehren, und zu warnen. Wollte man ihm aber auch diesen Weg verlegen, so hieß das nichts anders, als ihn des ihm von Christo dem Herrn anvertrauten Amtes zu berauben. Wir sehen aber, daß weder unsere Gründe noch unsere Vorsicht bey Dir etwas genützt haben. Denn du hast gleich auf der Stelle durch ein Edikt streng anbefohlen, daß oben gedachte Declaration von denjenigen, die sie empfangen hatten, dort wieder hin und zurücke gesandt werden soll, wo sie hergekommen war. So daß also die Stimme des Hirten unterdrückt und aufgefangen blieb.

Du zeigst auch darüber ein Mißfallen, daß sich unser Bruder der Erzbischof von Damiat, der gedachte Declaration herausgegeben hat, einen Nunzius, und zwar unsern und des heiligen Stuhls Nunzius am Rheine nennt. Und warum soll er sich keinen solchen nennen, nachdem wir ihn Kraft unsers Rechtes mit dieser Stelle beehrt, und dahin geschickt haben, daß er allda in deiner, und in den übrigen Diözesen dieses Amt wie alle andere seine Vorfahrer begleiten soll. Der größte Theil der dortigen Bischöfe und Fürsten haben ihn in ihren Bezirken am Rheine für einen solchen erkannt, und mit Ehrbezeugungen aufgenommen. Aber du wolltest ihn als einen solchen weder erkennen, noch annehmen, ob er schon unser päbstliches Empfehlungsschreiben bey sich hatte, und sich zu aller Dienstfertigkeit bereitet zu seyn erklärte. Du nanntest ihn so gar einen Fremden, gerade als wenn ihn die Geschäfte deiner Diözes ganz und gar nichts angehen sollten; und als wenn selbst Wir in der Kirche, und in deiner Diözes fremd wären. Wir, die wir ihn Kraft unsers von Christo durch den Petrus empfangenen Primatrechts dahin gesandt haben, daß er unsre Stelle vertrete, und die Apostolische Gewalt, wie wir sie ihm übertragen haben, ausübe. Unsere Vorfahrer haben ganz gewiß ihre Macht, Apokrysarien, Gesandten, Nunzien in die Diözesen anderer Bischöfe zu schicken jederzeit, und von den ältesten Zeiten her ausgeübt, jene Macht, die sie jederzeit als eine mit ihrem Primatsrechte ohne allen Zweifel verbun-

hanc etiam profuisse cautionem videmus. Statim tuo edicto severe mandasti, ut ad quos pervenisset ea declaratio, illico unde profecta est, remitteretur, ut ita Pastoris vox oppressa, atque intercepta remaneret. At insuper Tibi displicuisse ostendis ipsum Ven. Fratrem Archiepiscopum Damiatensem, a quo edita Declaratio est, quod se Apostolicum ad Tractum Rheni, Nostrumque, & S. Sedis Nuntium appellat. Et cur se non talem appellet, quem Nos ipsi Nostro Jure eo insignivimus munere, atque isthuc misimus, ut eodem in tua, ceterisque Dioecesibus, quemadmodum alii omnes Praedecessores sui, fungeretur? Talem esse eum agnovit, honorificeque recepit maxima istorum Episcoporum, ac principum pars pro sua ad tractum Rheni ditione. Tu vero neque agnoscere, neque recipere voluisti, etsi Nostras Pontificias commendationis afferret ad Te litteras, omniaque Tibi se paratum praestare officia declararet. Quin etiam extraneum appellasti; ac si ad eum Tuae Dioecesis negotia nullo modo pertinere debeant; quasi Nos ipsi extranei in Ecclesia, Dioecesique Tua simus, qui memorato jure Primatus a Christo per B. Petrum Nobis traditi, eundem isthic constituimus, qui Nostras vices gereret, ac Apostolicam, prout ipsi commisimus, exerceret auctoritatem. Eam certe mittendi Suos Apocrysarios, Legatos, Nuntios ad aliorum Episcoporum Dioeceses potestatem semper jam ab antiquissimis temporibus exercuerunt Praedecessores Nostri, quam nempe cum suo Primatus jure nexam esse sine ulla dubitatione agnoverant. Ex ipso satis intelligi potest Inno-

cen-

bundene Macht angesehen haben. Das alles kann deutlich genug aus dem Briefe Innocentius des III. abgenommen werden, den er an den Dechant zum heil. Hilarius und an die Subdechanten zum heil. Peter, und zum heil. Hilarius zu Poitiers geschrieben hat, welcher der XII. in der Sammlung des Baluz. Tom 2. Lib. 16 ist: wo nämlich das Recht des Römischen Bischofes herkomme, Kraft dessen er befugt ist, Gesandten in verschiedene Länder der Geistlichen Welt, wo er selbst nicht gegenwärtig seyn kann, zu schicken, daß sie dort seine Stelle vertreten.

Eben dieses Recht hat auch schon der heil. Leo der Große viele Jahrhunderte vorher ausgeübt, wie das sein an die Metropoliten-Bischöfe in Illyrien geschriebener Brief beweiset, der der 5te ist Tom. 2. oper. edit. Tyrnav. 1767. pag. 34. " Und weil sich unsre Sorgfalt über alle Kirchen
" erstreckt, wie dieses selbst der Herr von Uns fordert, weil er das Pri-
" mat der Apostolischen Würde dem heil. Apostel Petrus zur Belohnung
" seines Glaubens übertragen, und die ganze Kirche auf seine Fundamen-
" talfestigkeit gebauet hat, so theilen wir diese nöthige Sorgfalt mit den-
" jenigen, die mit Uns durch die Kollegialliebe verbunden sind. Wir ha-
" ben also unsre Stelle unserm Bruder und Mitbischofe Anastasius nach
" dem Beyspiele derjenigen übertragen, deren Andenken Uns sehr ehrwür-
" dig ist. Wir haben ihm zugleich aufgetragen, wachbar zu seyn, daß
" nichts unerlaubtes von jemand unternommen werde. Wir ermahnen
" also Ew. Liebden ihn in dem, was die Kirchenzucht betrift, Folge zu lei-
" sten, denn dadurch wird man nicht so fast ihm, als selbst Uns Folge
" leisten, die Wir ihn unsrer Sorgfalt gemäß in jene Länder abgesandt
" haben. "

Eben dieser heil. Leo hat auch eine andere Gesandschaft de Latere an den Faustus Marcianus, und die übrigen Archimandriten zu Konstantinopel bey Gelegenheit jener Glaubenssache geschickt, worinn Eutyches es wagte, Verwirrungen anzuzetteln. S. den 28ten Brief Tom. 8. cit. edit. pag. 155. Eine andere Gesandschaft ward von dem heil. Gregorius dem Großem nach England, und eine andere wiederum vom heil. Gregorius I. nach Deutschland in der Person des heil. Bonifacius geschickt, die hernach

sentio III, cum scriberet Decano S. Hilarii & S. Petri, & S. Hilarii Subdecanis Pictavensibus epistolam, quae est XII. inter Collect. a Baluz. Tom. 2. Lib. 16. unde oriatur jus Romano Pontifici mittendi Legatos in varias Orbis Christiani regiones, quibus ipse praesens esse non posset, ad suas ibidem vices obeundas. Ipsum idem Jus jam multis ante seculis exercuerat S. Leo Magnus, ut ejus comprobat epistola Episcopis Metropolitanis per Illyricum constitutis, quae est, 50. Tom. 2. Oper. Edit. Tyrnav. 1767 pag. 34. — Et quia per omnes Ecclesias cura Nostra distenditur, exigente hoc a Nobis Domino, quia Apostolicae Dignitatis Primo Apostolo Petro Primatum Fidei suae remuneratione commisit Universalem Ecclesiam in fundamenti ipsius soliditate constituens, necessitatem sollicitudinis, quam habemus cum his, qui Nobis collegii charitate juncti sunt, sociamus. Vicem itaqueae Nostram Fratri & Coepiscopo Nostro Anastasio secuti eorum Exemplum, quorum Nobis recordatio est veneranda, commisimus, & ut sit in speculis, ne quid illicitum, a quoquam praesumatur, injunximus, cui in his, quae ad Ecclesiasticam pertinent Disciplinam, ut Dilectio Vestra pareat, admonemus ; Non enim tam illi obtemperabitur, quam Nobis, qui hoc illi pro Nostra Sollicitudine per illas Provincias cognoscimus commisisse. — Idem S. Leo aliam misit de Latere suo Legationem ad Faustum, Marcianum, & reliquos Archimandritas Constantinopolitanos propter Causam Fidei, quam Eutyches perturbare tentavit, ut epist. 28. Tom. 8. cit. Edit. pag. 155. Alia item a S. Gregorio Magno missa est ad Anglos Legatio, alia a S. Gregorio II. ad Germanos in persona S. Bonifacii, confirmata deinceps a S. Zacharia, ab eodemque exercita per continuos sex & triginta annos usque ad Pontificatum Stephani III, qui eam Bonifacio renovavit, ut eruitur ex Epist. 91. S. Bonifacii inter collect. a Nicol. Serario edit. Mogunt. 1605. Aliae pariter Legatio-

nach von dem heil. Zacharia bestättigt, und von ihm volle sechs und dreyßig Jahre bis zum Pabsthume Stephanus des II., der sie dem Bonifacius neuerdings bestättigte, ausgeübt worden ist, wie es aus dem 91. Briefe des heil. Bonifacius abzunehmen ist. S. collect. a Nicol. Serario edit. Mogunt. 1605. Andere dergleichen Gesandschaften wurden von dem heil. Nikolaus dem I. abgeschickt, der den Bischof Arsenius nach Frankreich und Deutschland; und den Donatus, Leo, und Marinus nach Konstantinopel absandte. Von Leo dem VII. wurden wieder Gesandschaften an die Bischöfe von Frankreich, Deutschland, Baiern, Alemannien; und von Pascal dem II. nach Bourges, Bourdeaux, an die Auvier, nach Tours, und nach Britannien geschickt, die Calixtus der II. bestättigt hat. Vorzüglich muß jene Gesandschaft Adrians des IV. an den Hillinus Erzbischofen von Trier bemerkt werden: " daß sie seine Stelle durch ganz Deutschland ver„ treten, und allda die Gesandschaftsstelle im Namen des Apostolischen „ Stuhles begleiten sollen. „ Und " Hillinus ist zu Mainz im Namen des „ Pabstes mit vielen Glückswünschen einbegleitet worden. „ Der Brief des Adrianus ist Tom. I. hist. trev. diplomatii pag. 580. enthalten, und zwar mit Anmerkungen am Ende vom Myriophitanischen Bischofe, der der Sammler davon ist.

Auf diese Art ist also das Recht des Apostolischen Stuhles durch eine ununterbrochene Reihe von Nunzien bis auf unsere Zeiten her unverletzt erhalten worden. Denn die Päbstlichen Gesandschaften und Nunziaturen hat man jederzeit zur Erhaltung des Bandes der niedrigern Bischöflichen Sitze mit dem Apostolischen Stuhle für so nothwendig gehalten, daß wenn diese unterblieben sind, eben dadurch auch die Kirchenzucht in Verwirrung gerieth. Dieß bezeuget Honorius der III. in einem Briefe an den Rogerius Erzbischof zu Pisa bey Ughell. Ital. Sacr. Tom. 3. letzte Auflage Venedig. S. 382. " Latsika ist theils wegen der Entlegenheit des Orts;
„ theils durch die Nachläßigkeit der Hirten, durch den Uebermuth der Her,
„ ren, und durch die abgekommene Gewohnheit Apostolische Gesand-
„ ten zu schicken in der Unterwürfigkeit, und dem Gehorsam gegen die
„ Ro-

tiones a S. Nicolao I, qui misit Episcopum Arsenium in Gallias, & Germaniae partes, & Donatum, Leonem, atque Marinum Constantinopolim, a Leone VII. ad Episcopos per Galliam, Germaniam, Bavariam, Alemaniam commorantes, a Paschali II. ad Provincias Bituricensem, Burdegalensem, Auscitanam, Turonensem, & Britanniam, quas confirmavit Calixtus II, atque illa praesertim legatio animadverti debet Adriani IV. ad Hillinum Trevirensem Archiepiscopum — Ut per universum Theutonicum Regnum vices suas gereret, ibique Legationis officio Apostolicae Sedis Auctoritate fungeretur — Ob quam Legationem irritatus Arnoldus Moguntinus, eidem postea acquievit, & — Nomine Pontificis, Moguntiae Hillinus cum magna gratulatione fuit introductus epist. Adriani legitur Tom. 1. Histor. Trevir. Diplomatic. pag. 580. cum not. in calce Episcop. Myriophitan. Collectoris. Ac ita jus Apostolicae Sedis, non interrupta Nuntiorum serie, ad haec usque tempora illaesum servatum est. Ipsae enim Legationes, & Nuntiaturae Pontificiae existimatae semper sunt adeo necessariae ad retinendam inferiorum sedium cum prima Sede conjunctionem, ut quo tempore neglectae fuerunt, eo ipso Disciplinae Ecclesiasticae perturbatio orietur. Id testatur Honorius III. epist. ad Rogerium Archiepiscopum Pisanum apud Ughellium. Ital. Sac. Tom. 3. postremae edit. Venet, Colum. 382. Corsicana vero tam prolixitate Spatiorum, quam negligentia Pastorum, Dominorum insolentia, & *desuetudine* Legatorum Sedis Apostolicae, a Subjectione, & obedientia Romanae Ecclesiae deferbuerat, & dissolutioni, ac dissipationi dedita Ecclesiastici Ordinis pene deseruerat Disciplinam. ⹀ Cum Tibi, tuisque Collegis Archiepiscopis Electoribus perspecta esse deberent tam clara Apostolicae Sedis jura, tamque necessaria membrorum cum suo capite unionis conservatio, nihilo tamen minus publicum fecistis edictum uno omnium Consensu, quo, ut jam

supe-

„ Römische Kirche ganz kalt geworden, Ausgelassenheit und Zerstreuung
„ nahmen überhand; und die Kirchenzucht setzte man beynahe vollends
„ aus den Augen."

Nachdem also dir, und deinen Kollegen den Erzbischöfen und Kurfürsten diese so klaren Rechte des Apostolischen Stuhles, und diese so nothwendige Erhaltung des Bandes der Glieder mit ihrem Haupte bekannt seyn sollten; so habet ihr doch dessen ohngeachtet einmüthig ein öffentliches Edikt herausgegeben, wodurch ihr, wie Wir schon oben gesagt haben, den Pfarrern befohlen habet, daß sie gedachte Instruction an den Nunzius von Köln wiederum zurücke schicken sollten. Ganz gewiß seyd ihr alle in diesem Stücke dem Beyspiele jenes Bischofes von Poitiers nachgefolgt, über welchen sich Innocentius der III. in obengedachten 12ten Briefe recht sehr beschwert, daß er öffentlich predigte, Er wolle in seinem Bischofthum Bischof und Pabst zugleich seyn. Innocentius trug also seinen Legaten auf, daß sie die strengern Befehle in Vollzug bringen sollten; damit sie mit Hindansetzung aller Gnade, alles Hasses und aller Furcht keiner Nachläßigkeit beschuldigt, sondern vielmehr ihres Fleißes wegen gerühmt würden.

Selbst der heil. Leo der Große verfuhr in gleichem Tone mit den Bischöfen von Campagnia, Picenum, Tuscia, und allen andern Provinzen, die den heil. Canonen zuwider gehandelt haben. S. epist. 3. cap. 5. cir. edit. „ Das kündet euch unsere Ermahnung an; daß, wenn einer der
„ Brüder es wagen soll, diesen Verordnungen zuwider zu handeln, und
„ was verbothen ist, zuzulassen, so wisse er, daß man ihn seines Amtes entsetzen, und daß er keinen Theil mehr an Unsrer Gemeinschaft
„ haben werde; weil er keinen Antheil an unsrer Kirchenzucht haben
„ wollte."

Du wirst vielleicht einwenden, daß das Kaiserliche Geboth entgegen stehe, welches im Circularschreiben vom 12ten October im Jahre 1785

superius diximus, Parochis mandastis, ut ad Nuntium Coloniensem eam
transmitterent Instructionem. Omnes certe imitati esse videmini Episcopum illum Pictaviensem, de quo in Supra memorata Epistola 12 Innocentius III. gravissime conquestus est, quod publice praedicabat, quod
in Episcopatu suo esse vult Episcopus, atque Papa =, ideoque suis commisit Legatis, ut Severiora implerent mandata, postpositis gratia, odio,
& timore, quod de negligentia redargui non possitis, sed potius de
diligentia commendari. = Sanctus etiam Leo Magnus pari voce inve-
ctus fuerat contra eos Episcopos, qui Sacros Canones infringunt epist.
3. ad Episcopos per Campaniam, Picenum, Tusciam, & universas
Provincias constitutos cap. 5. cit. edit. = Hoc itaque admonitio Nostra denunciat, quod Siquis Fratrum contra haec constituta venire ten-
taverit, & prohibita ausus fuerit admittere, a suo se noverit officio
submovendum, nec communionis Nostrae futurum esse consortem,
qui Socius noluit esse Disciplinae. = At fortasse obstare dices Caesa-
ris mandatum, quod in ejus epistola Encyclica continetur die 12 Octobris 1785. data. Sed primum Caesar, cum ad eum deferrentur que-
relae in S. Sedis potestate non esse Nuntios mittere; respondit, non
solum unum, sed tres etiam si vellet Nuntios posse constituere. Sed
cum deinde ab aliquibus ad eundem expugnandum insisteretur, emi-
sit ille quidem, quae adducitur, Encyclicam, sed eam ipsam iis tem-
peravit verbis, ut potestatem, quam S. Sedes hactenus per suos exercuit Nuntios, praeter jus laedi noluisse videretur. Atque ut prae-
tereamus, si ea Circularis vim legis haberet, quantopere adversare-
tur Canonicis Sanctionibus, per quas Pontificii Nuntii agnosci, & re-
cipi debent, nedum ab Archiepiscopis, sed ab omnibus etiam Catholicis; satis quidem constat non illam esse considerandam ut Legem,
sed ut simplicem merae insinuationis epistolam a Caesare per nonnul-
lorum

enthalten ist. Allein der Kaiser hat gleich Anfangs, da die Beschwerden an ihn kamen, daß es nicht in der Macht des heiligen Stuhles stünde Nunzien zu schicken, zur Antwort gegeben: der heil. Stuhl könne nicht nur einen, sondern auch drey Nuntien schicken, wenn er wollte. Nachdem hinnach von einigen an ihn gedrungen ward, ihn auf ihre Seite zu bringen, so gab er zwar das gedachte Circularschreiben heraus; er ließ es aber in so mäßigen Ausdrücken abfassen, daß es scheint: Er habe nicht gewollt, daß die Macht, welche der heilige Stuhl bisher durch seine Nunzien ausgeübt hat, widerrechtlich verletzt würde. Wir wollen mit Stillschweigen umgehen, wie sehr jenes Circularschreiben, wenn es eine Gesetzkraft hätte, den kanonischen Verordnungen zuwider wäre, kraft derer die Päbstlichen Nunzien als solche, nicht nur von den Erzbischöfen; sondern von Jedermann anerkannt, und angenommen werden müssen. Es ist auch sattsam bekannt, daß gedachtes Schreiben nicht als ein Gesetz; sondern blos als ein einfaches und durch ungestümmes Andringen von Einigen dem Kaiser abgenöthigtes Insinuationsschreiben anzusehen sey, worinn der Kaiser nicht als Gesetzgeber; sondern als Advocatus auftritt, daß die ursprünglichen Rechte der Erzbischöfe aufrecht erhalten würden, die ihnen durch irrige Klagen, und unerlaubte, ja selbst dem Rechte der Kirche widersprechende Mittel, wie man vorgab, entzogen worden wären. Er hat sich zugleich erklärt, daß er nicht Befehlsweise, sondern nur Ermahnungsweise rede, indem er sagt: „Wir rufen dich „zugleich auf, daß du deine Metropolitanrechte ... und die deiner „Suffraganen sowohl als der exemten Bischöfe ... mit Rathzuziehung „gegen jede Eingriffe unverletzt erhaltest." Wer sieht aus diesen und andern dergleichen Worten nicht, daß den Erzbischöfen und Bischöfen ihre Freyheit bleibe, die durch eine Ermahnung nicht aufgehoben wird, und daß den Erzbischöfen deßwegen keine weitere Macht über ihre Diöcesanen eingeräumt worden sey, weil sie ermahnt worden, daß sie ihre eigenen Rechte mit Berathschlagung der Suffraganen beschützen sollten. Wie kann man endlich selbst von dem Kaiser auch nur denken, daß er für das ganze Römische Reich ein Gesetz wider die Gerichtsbarkeit der

forum importunitatem extortam, neque in ea partes agi Legislatoris; sed Advocati, ut illaesa scilicet ab Archiepiscopis conserventur primaeva Jura, quae per erroneas querelas ablata ipsis esse dicuntur mediis illicitis & Juri Ecclesiae repugnantibus. Declaravit porro se non jubere, sed exhortari, cum diceret = insimul Te provocamus, ut Jura Tua Metropolitica...' Suffraganeorum Tuorum, ac exemptorum Episcoporum... consilio contra quasvis laesiones illibata tuearis. = Quis ex his aliisque verbis non videat Salvam esse Archiepiscoporum & Episcoporum libertatem, quae per exhortationem non tollitur, neque Archiepiscopis quidquam amplius Auctoritatis in suos Suffraganeos delatum, cum ex eorum Consilio Sua illi Jura tueri moneantur? Quomodo porro de ipso Caesare cogitari potest, eum Sancire voluisse pro universo Imperio Legem contra Nuntiorum Jurisdictionem, cum idem optime agnoscat in Materiis Ecclesiasticis regi Imperium ex Ecclesiae Legibus, ac in aliis Materiis non aliter Sanciri Leges, quam a Comitiis, seu ab integro Germaniae Corpore, atque Comitia quidquam detrahere non posse a Supremo suorum Principum in eorum Ditionibus jure, per quod ipsa Corporis constitutio non laedatur. Sed de his, aliisque huc pertinentibus prolixius egimus in Nostra ad Ven. Fratrem Ludovicum Josephum Episcopum Frisingensem epistola die 12 Octobris Anni praeteriti data, ac deinde typis Monachiensibus & latine, & germanice edita. Quod reliquum est, Ven. Frater, post superius expositas Sanctissimorum doctissimorumque Praedecessorum Nostrorum rationes, quibus illi Suae Sedis jura servanda, ac vindicanda esse judicarunt, Nos nunc Tecum non alium, quam Nostrum morem sequuti, hortationes precesque ad Te Nostras convertimus, ut recordari velis, qua Te Fide, Sacris Legibus, Ecclesiae, Apostolicae Sedi, Nobisque obstrinxeris. Te igitur quantum possumus, in Domino obsecramus,

Ven.

Nuntien habe festsetzen wollen, nachdem er selbst bestens einsieht, daß das Reich in Kirchensachen nach den Kirchengesetzen regiert werde, und daß auch in andern Gegenständen die Gesetze nicht anders als entweder von dem Reichstage oder von dem sämmtlichen Körper geschlossen werden, und daß selbst der Reichstag dem höchsten Rechte der Reichsfürsten, die sie in ihren eigenen Landen haben, nichts entziehen könne, denn durch diese höchsten Rechte wird die Verfassung des Körpers nicht verletzt. Von diesen und andern hieher gehörigen Dingen haben Wir bereits weitläuftiger in unserm Briefe gehandelt, den Wir unterm 12ten Oktober des verflossenen Jahres an unsern Ehrwürdigen Bruder den Ludwig Joseph Bischof zu Freysing erlassen haben, und der hiunach zu München lateinisch und deutsch im Drucke erschien.

Es ist also nur noch übrig Ehrwürdiger Bruder! daß Wir nach oben angeführten Gründen unserer heiligsten und gelehrtesten Vorfahrern, wodurch sie immer die Rechte ihres heiligen Stuhles erhalten, und gerettet haben, itzt mit Dir nach keiner andern als Unserer bisher gewöhnlichen Art handeln, und Uns mit Ermahnung und Bitten an dich wenden: du wollest Dich erinnern, mit was für Treue und Glauben Du Dich den geheiligten Gesetzen, der Kirche, dem Apostolischen Stuhle und Uns verbunden hast. Wir bitten dich also im Herrn, Ehrwürdiger Bruder! so sehr als Wir können, daß Uns von Dir bey diesen sehr elenden Zeitumständen der Kirche keine neue Wunden versetzt werden möchten, — von Dir, als von Dem Wir es zum allerminndesten zu erwarten hatten, denn diese würden unser Herz desto tiefer durchbohren, als gewisser Wir vorhin auf das Band der Vereinigung zwischen Uns und Dir, und auf den Schutz der Kirche zum voraus zählten. Es läßt sich auch ganz gewiß Deinem Königlichen Gemüthe zutrauen, daß Du diese Gründe und Bitte ganz und gar nicht verwerfen wirst. Würdest du aber auch noch ferner anbringen, und Uns und diesem heiligen Stuhle Schaden zuzufügen beharren, so würdest du zwar unser Herzenleid recht sehr vergrössern. So groß als aber auch dieses immer seyn würde, so könnte es doch nicht

so

Ven. Frater, ne his miserrimis Ecclesiae Temporibus Nobis nova infligantur vulnera, a Te scilicet, a quo minime exspectandum erat, quae tanto altius confodient Cor Nostrum, quanto antea certiora Nobis Tecum Unionis vincula, atque Ecclesiae praesidia extitura sperabamus. Ea certa est de regio Animo Tuo Fiducia, ut rationes has precesque nequaquam sis rejecturus. Quodsi adhuc urgere perges, Nostrisque, ac S. hujus Sedis damnis insistere, maximam quidem afferes Nobis doloris accessionem. Sed is quantuscunque fuerit, efficere profecto non poterit, ut animum Nostrum ab eo deducat proposito, ne scilicet unquam a transmisso in Nos Primatus jure decedamus. Demum hisce Litteris finem imponemus verbis Praedecessoris Nostri S. Nicolai L, qui in sua ad Rudolphum Archiepiscopum Bituricensem epistola, quae est 30. in appendic. aliarum collectar. a Labbe Tom. 9. Concil. Edit. Venet. 1729. haec habet. = Vestra reverentia Nos non existimet, quia Nostra dicimus, in hoc quicquam praeter veritatem dicere, cum Dei potius, quam Nostra sint, B. Petri meritis Romanae Sedi collata, & arbitremur, quod Nos hic asserimus etiam Vos nullatenus ignorare, & quae in praesenti pagina scribimus, Vos affatim in Archivis Vestris recondita possidere = Tibique, Ven. Frater a Deo Opt. Max. consilii Spiritum enixe implorantes, Apostolicam Benedictionem coelestium donorum auspicem in Nostrae etiam paternae Charitatis pignus amantissime impertimur. Datum Romae apud S. Petrum sub Annulo Qiscatoris die 20 Januarii 1787. Pontificatus Nostri Anno duodecimo.

V.

so weit getrieben werden, daß Wir von Unserm Vorhaben abstünden, oder jemals von dem auf Uns gekommenen Primatsrechte abweichen würden.

Endlich schließen Wir Unsern Brief mit den Worten Unseres Vorfahrers des heil. Nikolaus des I, der in seinem Briefe an Rudolph Erzbischof von Bourges, der der 13te im Anhange der Sammlung von Labbe tom. 9. Concil. edit. Venet. 1729 ist, sagt: „Ew. Ehrwürden „halten ja nicht dafür, daß weil Wir von Sachen reden, die Selbst „Uns angehen, Wir deßwegen etwas ohne Wahrheit behaupten wollen. „Denn es ist nicht unsre eigne Sache; sondern Gottes Sache. Es ist „eine Sache, die durch den Verdienst des heil. Petrus dem Römischen „Stuhle zugeeignet worden ist. Wir sind der Meynung, daß euch al„les, was Wir behaupten, keinesweges unbekannt seyn kann, und daß „ihr selbst alles, was Wir auf beyliegendes Blatt hinschreiben, in euern „Archiven vielfältig aufbewahret besitzen werdet." Und hiemit flehen Wir, Ehrwürdiger Bruder! um den Geist des Rathes innigst zu Gott, und zum Unterpfande Unserer väterlichen Liebe theilen Wir Dir hiemit den Apostolischen Segen als die Segensquelle aller himmlischen Gaben auf das liebreicheste mit. Gegeben zu Rom bey dem heil. Peter unterm Fischerringe den 20sten Jäner 1787 im zwölften Jahre unsers Pabstthums.

V.

V.
DAMNATIO,
ET PROHIBITIO
Libri Germanico idiomate editi,

CUI TITULUS:

Was enthalten die Urkunden des christlichen Alterthums von der Ohrenbeichte? Von Eybel. Wien, bey Joseph Edlen von Kurzbek u. s. f. 1784.

LATINE VERO:

Quid continent Documenta Antiquitatis Christianae de Auriculari Confessione? ab Eybel. Vindobonae apud Josephum Nobilem de Kurzbek &c. MDCCLXXXIV.

ROMÆ MDCCLXXXIV.
Ex Typographia Rev. Camerae Apostolicae.

PIUS PAPA SEXTUS
Ad futuram rei memoriam.

Mediator Dei, & Hominum Christus Jesus, quo plenius in nos misericordiae suae divitias effunderet, figmentum nostrum miseratus, ad reparandos eos, qui a Baptismi gratia quandocumque excidissent, tra-

di-

V.
Verdammung
und
Verboth
eines in deutscher Sprache herausgegebenen Buches
unter dem Titel:

Was enthalten die Urkunden des christlichen Alterthums von der Ohrenbeicht? Von Eibel. Wien bey Joseph Edlen von Kurzbeck u. s. f. 1784.

Rom 1784.
Aus der Buchdruckerey der Ehrw. Apostolischen Kammer.

Pabst Pius der VI.
Zum künftigen Andenken der Sache.

Christus Jesus der Mittler zwischen Gott und den Menschen erbarmte sich über unsre Gebrechlichkeit, und um die Reichthümer seiner Barmherzigkeit im völleren Maaße über uns auszugießen und diejenigen wieder herzustellen, die manchmal der in der heil. Taufe empfangenen Gnade verlustig geworden sind, übergab er den Vorstehern der Kirche die Gewalt die Sünden nachzulassen und zu behalten, und setzte das heil. Sacrament der Buße ein*, durch dessen Kraft und Wirkung diejenigen welche gut zubereitet hinzugehen, durch die Loßsprechung des Priesters Vergebung ihrer Sünden erhalten. Die Lehre von dieser überaus großen Wohlthat Christi, ward beständig und schon von den Zeiten der Apostel her

---
* Concil. Trid. sess. 14. de SSmo. Poenit. Sacrament. Can. 1.

dita * Ecclefiae Praepofitis poteftate remittendi, ac retinendi peccata, Sacramentum Poenitentiae inftituit, cujus vi, & efficacia, qui ad id accederent rite difpofiti, ac peccata confeffi, per Sacerdotis abfolutionem peccatorum veniam confequerentur. Conftans haec fuit de hoc infigni Chrifti beneficio, & ab Apoftolicis ufque ducta temporibus perpetua Ecclefiae praedicatio; eaque, depulfis pridem, ac praefertim per Tridentini Concilii Decreta Novatorum erroribus, fufa per omnes Catholici Orbis Provincias, Fideliumque omnium animis infita penitus ac denfa, pacatiffima confeffione, nec fine ingenti animarum fructu pura & integra fide tenebatur. Verum antiquus generis humani hoftis, Adverfarius ille nofter, in quo nunquam quiefcit voluntas nocendi, *omnibus modis inftat*, ** *quemadmodum dejiciat:* Itaque cum in hac fidei, ac doctrinae conftantia, nil dudum Chriftianae plebi ab apertis hoftibus metuendum videretur, prodierunt repente ex noftris, qui Nobis bella moverent, *fi tamen noftri dicendi funt*, *** *quos ad inimicum transiffe rupto foedere fentiamus.*

Editum fane recens, nec fine acerbo doloris fenfu accepimus Libellum Germanico idiomate, cujus haec eft latine reddita infcriptio = *Quid continent Documenta Antiquitatis Chriftianae de Auriculari Confeffione? ab Eybel. Vindobonae apud Jofephum Nobilem de Kurzbek &c.* 1784.

Ediderat jam Scriptor ifte paucis ante annis Introductionem in Jus Ecclefiafticum Catholicorum, quem Librum Decreto fub die 16. Februarii currentis anni Indicis Congregatio, maturo adhibito examine, cenfuit

---

* Concil. Trident. feff. 14. de SSmo Poenitent. Sacrament. Can. I.
** S. Auguft. enarr. in Pfal. 62.
*** S. Caeleftinus Epift. ad Cler. & Pop. Conftantinopolitanum.

her bis auf den heutigen Tag ununterbrochen in der Kirche geprediget, und nachdem die Irrthümer der Glaubensneuerer schon längstens und vorzüglich durch die Satzungen des Conciliums zu Trient getilgt waren, so ward sie durch alle Länder des katholischen Christenthums verbreitet, den Herzen aller Gläubigen gänzlich eingeflößt, und eingeprägt, und so ward sie mit ganz ruhiger Uebereinstimmung nicht ohne großen Seelennutzen rein und unverletzt geglaubt. Allein der alte Feind des menschlichen Geschlechtes, jener unser Gegner, dessen Wille uns zu Schaden sich niemal zur Ruhe giebt, dringt auf alle mögliche Art darauf, wie er sie umstoßen könne.* Nachdem also an der Standhaftigkeit dieser Glaubenslehre dem christlichen Volke von öffentlichen Feinden schon lange nichts mehr zu befürchten zu seyn schien; traten ganz unvermuthet selbst einige von den Unsrigen auf, die Uns den Krieg ankündigten, wenn man je noch diejenigen die Unsrigen nennen kann, von denen Wir denken können, daß sie bundbrüchig geworden, und zu Unsren Feinden hinüber gelaufen sind.**

Wir haben nämlich nicht ohne Empfindung eines bittern Schmerzens vernommen, daß erst neulich ein deutsches Buch im Drucke erschienen ist, dessen Titel in lateinischer Sprache folgender ist. — Quid continent documenta Antiquitatis Christianae de Auriculari confessione? ab Eybel. Vindobonae apud Josephum Nobilem de Kurzbeck &c. 1784.

Eben dieser Schriftsteller hat erst vor etlichen Jahren eine Anleitung in das katholische Kirchenrecht herausgegeben, welches Buch die Congregatio Indicis nach reifer Prüfung unterm 16ten Hornung in die Zahl der verbothenen Bücher zu setzen für gut gefunden hat. Bey diesem neuen Büchelchen liegt nun Jedermann vor Augen, und es ist deutlich genug zu ersehen, wie dieser Schriftsteller schon vorher jederzeit gesinnt war, und wo die Absichten derjenigen hinzielen, welche die Gemüther der Gläubigen durch allerley Gattungen von Schriften von jenem Stuhle abwendig zu ma-

---
* S. August. enarrat. in Psalm. 62.
** S. Coelestinus epist. ad Cler. & pop. Carstantinopolitanum.

fuit inter damnatos Libros referendum. At hoc novo Libello palam omnibus factum est, perspicueque declaratum, qui Scriptoris hujus animus semper antea fuerit, quove demum tendant eorum consilia, qui omni Scriptionum genere student Fidelium animos alienare ab ea Sede,* cum qua Ecclesias universas, & Fideles, qui undique sunt, omnes oportet convenire. Sane infelicem Auctorem non puduit palam profiteri, Haereticorum scriptis quoad res plurimas solide se fuisse instructum; licet vane testetur, se in hoc argumento ab eorum quantumvis Doctorum lucubrationibus abstinere voluisse: Infelix revera, qui dum se solide instructum perperam sibi blanditur, non animadverterit, quam periculosum sit eorum se instabilitati committere, qui a soliditate Petrae, supra quam Christus Ecclesiam suam fundavit, aliquando discesserint. Atque isti quidem ex illis sunt, quos novissimis diebus futuros praedixit Apostolus, ** quos nimium multos in hac, quae quotidie magis magisque increbrescit opinandi licentia, experimur qui corrupti mente, ac reprobi circa Fidem resistunt veritati; *** sed ultra non proficient, insipientia enim eorum manifesta erit omnibus. Qui, etsi cum innovare, & errare incoeperint, ipsi non desistent ab errore; sed semper fallacias novas, & dogmata corrupta invenient, non diutius tamen fallent, neque secum rapient; quippe licet in principio prospere agat error, ad finem tamen usque non permanebit.

Magna certe Nobis fiducia est apud Deum fore numquam, **** ut filii Ecclesiae, filii lucis, obedientes ex corde in eam formam doctrinae,

---

* S. Iraeneus cont. haeres. l. 3. c. 3.
** Ap. st. 2. ad Timoth. c. 3. v. 8.
*** S. Joan. Chrysost. Hom. 8. in 2. ad Timoth. c. 4.
**** Apost. ad Rom. 6. v. 17.

machen suchen, mit dem alle Kirchen, und alle Gläubige, wo sie immer sind, vereinigt seyn sollten. Der unglückliche Schriftsteller schämt sich wirklich nicht öffentlich zu bekennen, daß er meistentheils in den Schriften der Ketzer gründlich unterrichtet sey, wiewohl er eitel vorgiebt, daß er sich, was den Inhalt dieses seines Werkes betrift, von den Werken ihrer wiewohl gelehrten Männer habe enthalten wollen. Er ist aber in der That recht unglücklich, daß er, indem er sich gründlich unterrichtet zu seyn, wiewohl vergeblich schmeichelt, dennoch nicht bemerkt, wie gefährlich es sey, sich der Unstatthaftigkeit derjenigen anzuvertrauen, die sich von der Grundfeste des Felsens, worauf Christus seine Kirche gegründet hat, längstens schon entfernt hatten. Und diese sind zwar unter denjenigen, von denen der Apostel geweißagt hat *, daß sie in den letzten Tagen auftreten werden, derer sehr viele sind, von denen wir erfahren daß sie bey der täglich immer mehr und mehr überhand nehmenden Freyheit zu denken, verdorben, und verworfen, sich in Glaubenssachen der Wahrheit widersetzen; aber sie werden ferner nichts mehr ausrichten; denn ihre Thorheit wird Jedermann offenbar vor Augen liegen.** Die, da sie zu erneuern, und zu irren anfangen, selbst vom Irrthume nicht abstehen; sondern jederzeit neue Trugschlüsse, und Glaubenslehren erfinden werden. Sie werden aber die Leute nicht länger mehr täuschen, noch an sich ziehen. Denn wenn schon der Irrthum anfänglich glücklich fährt; so wird er doch bis ans Ende nicht dauern.

Wir haben fürwahr ein großes Vertrauen auf Gott; *** Es werde nämlich niemal geschehen, daß die Kinder der Kirche des Lichtes, die vom Herzen derjenigen Lehrform, worinn sie unterrichtet sind, gehorsam sind, sich durch jene verschiedene und fremde Lehren verleiten lassen, die der Geist des Irrthums eingeführt hat, und deren Ende der Untergang ist. Davon sind nun jene Kennzeichen, die in den Büchern der Glaubensneuerer schon lange ausgekramt, und bekannt sind, und wovon der Verfaßer

des

---
* Apostol. 2. Timoth. c. 3. v. 8.
** S. Joann. Chrysost. hom. 8. in 2. ad Timoth. c. 4.
*** Apostol. ad Rom. 6, v. 17.

nae, in quam traditi funt, abduci fe finant variis illis, & peregrinis doctrinis, quas fpiritus erroris invexit, quarum finis interitus. Hujus notae funt illae, quas in Novatorum Libris expofitas dudum, & patentes non dubitavit Libelli Auctor fraudulenta calliditate incautis mentibus obtrudere. Propofitum ait fibi fuiffe exponere, quid contineant Antiquitatis Chriftianae monumenta de auriculari Confeffione, nec tamen abftinet ab illis etiam proferendis, quae pridem fuere a Novatoribus congefta, quibus in colligendis more illi fuo ita verfati funt, ut ea commentitiis interpretationibus, ut & divinas Scripturas in fuam, aliorumque perniciem depravantes, ab Sanctorum mente, ac fententia longiffime aberrarent.

Hinc effectum, ut quantumvis a Concilio Tridentino declaratum fit, * modum fecrete confitendi foli Sacerdoti, quo Ecclefia nunc utitur, a fanctiffimis, & antiquiffimis Patribus fuiffe commendatum, contra *Eybelius* velut imperitos traducat eos Doctores, qui Poenitentiae, & Confeffionis modernum, & pofteriorem ufum jam in Antiquitate fe detegere autumant. Hinc Ecclefiafticam peccatorum remiffionem, quam memorat in antiquitate viguiffe, refert ad remiffionem injuriae, quae Fidelium Communitati contra foedus initum a peccantibus irrogabatur, quae remiffio, utpote ex natura, & pactis cujuslibet Societatis prodiens, poteftatis etiam effet Ecclefiafticae Societatis, minime proinde confundenda cum fupernaturali abfolutione a Dei offenfa, quafi in reconciliandis Poenitentibus non uterentur Ecclefiae Praepofiti fupernaturali judiciali poteftate a Chrifto fibi tradita offenfae Dei per Sacramentalem abfolutionem illis remittendae, qui eam digne fufciperent. Huc pertinet, quod tradit, non alia intentione debuiffe Poenitentes ad
Ec-

---
* Cit. Seff. 14. c. 5. & Can. 6.

des Büchelchens kein Bedenken trug, sie durch eine trügerische Arglist
unbehutsamen Gemüthern aufzudringen. Er giebt vor: Sein Endzweck
wäre zu erklären, was die Urkunden des christlichen Alterthums von der
Ohrenbeicht enthalten; er enthält sich aber zugleich nicht, auch dasjenige auf die Bahn zu bringen, was die Glaubenserneuerer schon längstens
zusammen getragen haben. Bey deren Sammlung sie sich aber ihrer Gewohnheit nach so auf eine Art verhielten, daß si's mit erdichteten Aus-
legungen so wie selbst die göttliche Schrift zu ihrem eigenen und andrer
Leute Schaden verfälschen, und vom Sinne und der Meynung der Heiligen sehr weit abirren.

Daher kam es, daß wiewohl es von dem Concilio zu Trient schon
erklärt ist,* die Art heimlich dem Priester allein zu beichten schon von
den heiligsten und ältesten Vätern anempfohlen war. Eybel hingegen
ziehet diejenige Lehrer als unwissende Leute durch die Hechel, die den
itzigen und letztern Gebrauch der Buß und Beicht schon im Alterthume
entdecken zu können glauben. Darum führt er die kirchliche Vergebung
der Sünden, die, wie er sagt, im Alterthume gewöhnlich war, auf die
Vergebung der Unbild zurücke, welche der Gemeinde der Gläubigen wider den eingegangenen Vertrag zugefügt wurde. Welche Vergebung;
weil sie aus der Natur und dem Vertrage jeder Gesellschaft entsteht, auch
in der Gewalt der kirchlichen Gesellschaft zwar stünde; folglich aber nicht
mit der übernatürlichen Lossprechung von der Beleidigung Gottes zu
vermischen sey; gerade als wenn sich die Vorsteher der Kirche bey Versöhnung der Büßenden nicht derjenigen übernatürlichen, richterlichen,
ihnen von Christo mitgetheilten Gewalt bedienten, denjenigen durch die
sakramentalische Lossprechung die Beleidigung Gottes nachzulassen, die
dieses heil. Sakrament würdiglich empfangen. Daher gehört auch, was
er lehrt, daß die Büßenden in keiner andern Absicht zu den Priestern
und Vorstehern der Kirche hätten kommen müssen, als daß sie die Wunden

---
* Cit. Sess. 14. c. 5. & Can. 6.

Ecclesiae Praesules, & Sacerdotes accedere, quam ut detectis animae vulneribus, receptaque instructione, ac pro poenitentia peragenda operum designatione, his peractis tum primum sub spe Divinae Misericordiae, & promissione gratiae reconciliationem obtinere possent: Cum tamen constans haec sit Ecclesiae Doctrina, eam esse vim & efficaciam Sacramenti Poenitentiae, ut per illud Poenitentes etiam ante peracta poenitentiae opera consequi reconciliationem queant, nec tantummodo in instruendis Poenitentibus, operibusve poenitentiae designandis versari Sacerdotale ministerium in hujus Sacramenti administratione, sed ut clavium potestate utens Sacerdos, tamquam Judex, ac fidelis Dispensator, & prudens, tum salutares poenas, ac satisfactiones confitentibus non designare modo, sed & imponere, tum vere poenitentes absolvere a culpis valeat. Sic etenim docti sumus a Majoribus, * non solum *peccatorum remissionem in Catholica Ecclesia reperiri, sed etiam potestatem peccata remittendi in ea esse; qua si rite, & secundum Leges a Christo Domino praescriptas Sacerdotes utantur, peccata remitti, & condonari credendum est* = Accedit, quod modum secrete confitendi soli Sacerdoti eatenus concedit humanum inventum non esse, quatenus Lex naturalis Divina obligat ad quaerendum animae remedium; quo satis demonstrat, vim mandati Christi eludere potius, quam adstruere voluisse. Atque ex his perspici potest cujusmodi sit ea veneratio, qua prosequi se Tridentinum Concilium *Eybelius* profitetur; dum & ejus Decreta tot modis pervertere nititur, nec insuper insinuare veretur in hodierna poenitendi ratione, non obstante Tridentino, immutationem fieri posse, qua dissidentium Christianorum concordia procuretur; oblitus, quam arcte nobis indictum sit *supercertari semel tra-*

---

* Catech. Rom. in Symbol. Art. 10, c. 2.

den ihrer Seele entdecken, Unterricht darüber, und eine Bestimmung guter Werke um Buße zu thun, empfange und nach Vollziehung derselben erst unter der Hoffnung der göttlichen Barmherzigkeit, und Verheißung der Gnade ihre Versöhnung erhalten könnten. Da inzwischen doch die beständige Lehre der Kirche war, daß das Sakrament der Buße die Kraft und Wirkung habe, wodurch die Büßenden auch noch vor dem Vollzuge der Bußwerke ihre Versöhnung erhalten können, und daß das priesterliche Amt bey Verwaltung dieses Sakraments nicht bloß im Unterrichte der Büßenden, oder in Bestimmung der Bußwerke, sondern darinn bestehe, daß sich der Priester als Richter der Schlüsselgewalt bediene, und als ein getreuer und kluger Verwalter nicht nur heilsame Bußen bestimmen, sondern auch auflegen, und alsdenn die wahrhaft Büßende auch von ihrer Schuld lossprechen kann. Denn so sind wir von unsern Vorfahrern unterrichtet, daß nämlich nicht nur die Nachlassung der Sünden in der katholischen Kirche zu finden sey; sondern daß sie auch die Gewalt habe, die Sünden nachzulassen, und daß man glauben müsse, daß die Sünden in der That nachgelassen und vergeben werden, wenn sich die Priester rechtmäßig, und nach den von Christo dem Herrn vorgeschriebenen Gesetzen dieser Gewalt bedienen.

Hierzu kömmt noch, daß der Verfasser in Betreff der heimlichen Beicht, die dem Priester allein geschieht, wenigst so viel zuläßt, daß sie keine menschliche Erfindung in soweit sey, als das göttlich-natürliche Gesetz ein Heilsmittel für die Seele zu suchen verbindet. Dadurch giebt er aber genugsam an den Tag, daß er die Kraft des Geboths Christi vielmehr vereiteln, als anführen wollte.

Hieraus kann man nun sehen, was das für eine Ehrfurcht sey, die Eybel gegen das Concilium zu Trient zu haben vorgiebt; da er nicht nur die Verordnungen desselben auf so vielerley Arten umzustoßen sich bestrebt; sondern über das noch vorzugeben sich nicht scheuet, daß ohnge-

G   achtet

tradidae S:n7lis Fidei; * cumque nulla sit societas luci ad tenebras, nefas esse Christianum de veritate cum errore pacisci. Sed & istud Catholico viro prorsus indignum, quod non horruerit, subdole refricare maledicta, & convicia, quibus Haeretici blasphemantes opera Dei invehuntur In secretam confessionem, quo eximium istud Divinae largitatis beneficium & Populis odiosum, & saeculi Potestatibus suspectum reddunt, & invisum. Quae tamen minus mirum videri debet ab homine profecta, qui Opusculum suum conclaserit tali veluti Fidei professione, quam Heterodoxus nemo detrectaverit, testa: a videlicet nolle quicquam a se scriptum, quod coram Deo orthodoxum non sit. Quod si nil orthodoxum coram Deo, quod non sit ex veritate, nec possit quicquam ex veritate esse, quod non congruat cum sensu Ecclesiae, quae columna est, ac firmamentum veritatis, an potuit ille considere, se ex veritate scripsisse, qui de auriculari Confessione ea scripserit, quae plane abhorrent a Doctrina, quam a Majoribus accepimus, quam Oecumenica Synodus Tridentina sancivit, quae, in universa Ecclesia praedicatur, qua ubique imbuuntur alumni Fidei, quam ille ipse in Ecclesia didicit ab infantia? Merito proinde objici illi potest, quod Luthero, quod caeteris Novatoribus objectum semper fuit: Non sic vos ipsi credidistis ab initio: Nova sunt quae assertis, novitas ipsa vos arguit erroris. ** Hoc inducta principio celebris Theologica Facultas Parisiensis Doctrinam, quae supponeret, Ecclesiam aliquo tempore legitimi usus poenitentiae cognitione caruisse, velut temerariam notavit, ipsi Ecclesiae injuriosam, & haereticam. Quin etiam ad uberiorem explicationem sub iisdem notis, alias insuper Propositiones perstrinxit, in

quan-

---

* Apostol Jud. Epist. v. 3.
** Censura lata ann. 1664. mens. Jun. in benoticum, seu pacificum Theophili Brachetti Mulletegii.

achtet des Tridentinischen Conciliums nach der heutigen Art Buße zu thun noch eine Veränderung geschehen könne, wodurch die Einigkeit der Christen, die in ihren Meynungen uneinig sind, hergestellt würde. Dabey vergaß er aber, wie strenge uns aufgetragen sey für den einmal den Heiligen beygebrachten Glauben zu streiten;* und weil sich das Licht niemal mit der Finsterniß vergesellschaften kann, wie unrecht es sey, daß ein Christ um der Wahrheit willen, sich mit dem Irrthume in einen Vertrag einlasse. Es ist aber auch eines katholischen Mannes ganz unwürdig, daß er sich nicht schie die Lästerungen und Verläumdungen fleißig aufzuwärmen, womit die Ketzer, welche Gottes Werke lästern, über die Ohrenbeicht losziehen, daß diese große Wohlthat der göttlichen Güte dem Volke verhaßt, und den weltlichen Mächten verdächtig und verdrießlich werde. Hierüber muß man sich aber nicht wundern; weil es von einem Menschen herkömmt, der sein Werkchen mit einem solchen Glaubensbekenntnisse schließt, welches sich jeder Irrgläubige gefallen ließ, indem er nämlich bezeugt: Er wollte ja nichts geschrieben haben, was vor Gott nicht rechtgläubig wäre. Wenn nun vor Gott nichts rechtgläubig ist, was nicht die Wahrheit zur Quelle hat; nichts aber die Wahrheit zur Quelle haben kann, als was mit der Meynung der Kirche übereinstimmt, welche die Säule und Grundfeste der Wahrheit ist, wie hat er sich's wohl zutrauen können, daß er der Wahrheit gemäß geschrieben haben soll, er, der von der Ohrenbeicht schreibt, was gänzlich von der Lehre abweicht, die wir von unsern Vorfahrern erhalten haben, welche das allgemeine Concilium zu Trient beschlossen hat, welche allgemein in der ganzen Kirche gepredigt wird, worinn alle Schüler des Glaubens unterrichtet werden, und worinn selbst er der Verfasser von Kindheit auf in der Kirche unterrichtet worden ist? Man kann also auch ihm den Vorwurf machen, den man jederzeit dem Luther, und den übrigen Glaubensneuerern gemacht hat: Anfänglich habet ihr selbst nicht so geglaubt. Was ihr auf die Bahne bringet, das ist neu. Selbst die Neuigkeit klaget euch euers Irrthumes an.

---

* Apostol. Jud. ep. v. 3.

quantum disciplinam, & consuetudinem Ecclesiasticam ab omnibus Catholicae Communionis Ecclesiis receptam, quantumcumque diuturnam, tumquam abusivam, & institutioni Christi, ac Evangelicae Doctrinae contrariam. Hinc & illustre Augustanum Vicariatus officium probro sibi fore duxit, videri probatum a se Opusculum *Eybelii*, eaque de re impactam calumniam publico Decreto repellendam censuit, edixitque, ut per Verbi Divini Ministros monerentur Fideles ab Libellis ejusmodi abstinere, qui Fidem corrumpunt, & mores. Tametsi vero in Domino confidimus, numquam futurum, ut pernicies haec, labesque fundat se latius ad eos inficiendos, qui spiritu Dei aguntur, quive non omnem suae salutis curam abjecerint; quia tamen sapientibus, & insipientibus debitores sumus, nec desunt in multis, qui infirmi sunt in Fide, * valde trepidavimus, ne horum Fidem a tramite veritatis insinuatio male docentis averteret. Majorem vero in modum commoti sumus ac perculsi, tristitiamque super tristitiam habuimus, cum ad Nos perlatum est, eo usque progressam esse impiorum hominum in Religionis contemptu effrenatam audaciam, ut sanctissima haec Sacramentalis Poenitentiae actio indignis plecturis, ac dicteriis, per fora & compita exponi ad ludibrium coeperit; vel sismet flabellis appicta, quae in mulierum manibus passim geruntur. Nefandum dictu! Sacrilegum jocum fieri de hoc Divinae largitatis, ac misericordiae ineffabili dono, cujus vel nomine ipso admonemur conscientiae sordes recognoscere, peccata deflere, & annos nostros cum salutari animae nostrae amaritudine recogitare. Sic omni machinationum genere adversus Fidem, Religionisque sanctitatem certatur. Hinc disputationum laquei, quibus irretiantur mentes incautorum; isthinc ludicrae artes, quibus deformata per impiam fraudem sacrorum ma-

jestas

---

* S. Caelestinus Epist. ad Cler. & Pop. Constantinopolitanum.

Aus diesem Grunde hat die berühmte theologische Fakultät zu Paris jene Lehre, die voraussetzt, daß es eine Zeit gegeben habe, da der Kirche die Kenntniß des rechtmäßigen Gebrauches der Buße gemangelt hätte, als eine vermessene, selbst der Kirche schimpfliche, und ketzerische Lehre verworfen.* Eben diese Fakultät hat zur fernerer Erklärung unter eben denselben Ausdrücken auch noch andere Lehrsätze als der Kirchenzucht, und dem von allen katholischen Kirchen angenommenen, so alt er auch seyn mag, als gemißbraucht; und der Einsetzung Christi sowohl als der Lehre des Evangeliums zuwider verworfen. Daher kömmt es auch, daß das Vikariat zu Augsburg sich's zur Schande nahm, als wenn gedachtes Werkchen des Eybels vom selben gutgeheißen worden wäre. Es hat also dieses Vikariat dieser ihm zugemutheten Verläumdung durch eine öffentliche Druckschrift widersprochen, und kund gemacht, daß die Gläubigen durch alle Prediger des Wortes Gottes ermahnt würden, sich von dergleichen Glaubens- und Sittenwidrigen Büchelchen zu enthalten.

Wiewohl Wir übrigens auf Gott vertrauen, daß sich dieses Verderbniß und diese Seuche nicht weiter verbreiten, und auch diejenigen anstecken werde, die vom Geiste Gottes belebt sind, und die nicht gänzlich für ihr Seelenheil sorgenlos geworden sind; weil wir aber Schuldner der weisen Leute sowohl als der Thörichten sind, und viele noch schwach im Glauben sind, so waren Wir sehr in Furcht, daß nicht etwa diese Schwachen im Glauben durch das Ansinnen dieses Irrlehrers von dem Pfade der Wahrheit abgeleitet werden möchten.**

Was Uns vorzüglich bestürzt machte, zu Herzen drang, und mit Betrübnissen über Betrübnisse überhäufte, das war, als man Uns hinterbrachte, wie die zügellose Kühnheit gottloser Menschen zur Verachtung der Religion soweit gegangen wäre, daß diese heilige Handlung des Sakraments der Buße durch entehrende Gemälde und Spottreden öffentlich auf
den

---

* Censura lata an. 1664. mens. Jun. in Lenoticum seu pacificum Theophili Bracherii Milleterii.
** S. Coelestinus epist. ad Cler. & popul. Constantinopolitanum.

jesus in contemptum adducatur. Neque id satis erat, nisi insuper ad cumulum accessisset facinus perinde audax, & in probum, quod cum privati Scriptoris probro, Romani nominis dedecus conjungeret: scilicet Nobis est paucis hisce diebus nuntiatum recens prodiisse adversus auricularem Confessionem sub usurpato Romani Theologi nomine furtivum Opusculum, velut ex Italico in Germanicum sermonem conversum, & Augustanis Typis editum, Opus tenebrarum, dignum illis, quorum cogitationes in malum, quorum labia loquuntur dolum; & illi quidem impudenti usi sunt mendacio, quod Scriptor hic vivens mox queat redarguere; At non sine sperato aliquo iniquitatis fructu, rati nimirum fore, ut per ementitam inscriptionem molliretur impii Dogmatis pravitas, leniusque influeret in aures multitudinis, cui persuasum esset illud & Romae suos habere Defensores.

Quo majore cura Nobis est providendum, ut impendentibus animarum periculis, quam mature fieri possit, subveniamus. = Etenim, quod sapienter monebat suis ad Cyrillum Litteris Caelestinus Praedecessor Noster, *vulnus, quod non unum aliquod membrum tantum laedit, sed universum Ecclesiae Corpus consauciat, primo quoque tempore exscindere oportet.* = Hisce de causis statim atque men eratum *Eybelii* de auriculari Confessione Opusculum a piis doctisque Viris ad Apostolatus Nostri judicium delatum est, illud ex Germanico in Latinum sermonem verti; atque, ut rei gravitas postulabat, complurium in Sacra Theologia Magistrorum examini, & censurae subjici mandavimus; ac subinde habitis eorum consultationibus, auditisque suffragiis Venerabilium Fratrum Nostrorum S. R. E. Cardinalium in tota Republica Christiana adversus haereticam pravitatem Generalium Inquisitorum coram Nobis adstantium, *implorato Divino lumine*, motu proprio, & ex certa scientia

no-

den Gassen und Strassen zum Spotte ausgesetzt, oder auf diejenigen Sommerfächer hingemalt würde, welche das andere Geschlecht vielfältig in den Händen zu tragen pflegt. Schändliches Betragen! daß man einen gottesschänderischen Spaß aus demjenigen unausſprechlichen Geschenke der göttlichen Freygebig- und Barmherzigkeit macht, wodurch Wir selbst dem Namen nach erinnert werden die Unreinigkeit unsers Gewissens zu erkennen, unsre Sünden zu beweinen, und an unsre verfloßnen Jahre mit heilsamer Bitterkeit unsrer Seele zurücke zu denken. So bestreitet man nämlich den Glauben, und Heiligkeit der Religion mit allen Gattungen arglistiger Erfindungen. Dort legt man Fallstricke durch verschiedene Streitigkeiten, wodurch unbehutsame Gemüther in das Garn gerathen; da spielt man mit kurzweiligen Possen, wodurch die Herrlichkeit der Heiligthümer durch gottlosen Betrug verunstaltet, und verächtlich gemacht werden will. Noch nicht genug! zum Ueberflusse kam noch ein eben so kühnes als gottloses Lasterstück dazu, wodurch selbst dem Römischen Namen durch die Schande eines einzigen Schriftstellers ein Schandfleck angehänget werden wollte. Es ist Uns nämlich erst vor etlichen Tagen hinterbracht worden, daß erst neuerdings verfohlner Weise ein Werkchen wider die Ohrenbeicht unter dem vorgeblichen Namen eines Römischen Theologen öffentlich erschienen sey, als wenn es aus dem Italiänischen in's Deutsche übersetzt, und zu Augsburg gedruckt wäre, ein Werk der Finsterniß, ein derjenigen würdiges Werk, deren Gedanken auf's Böse abzielen, und deren Lippen Betrug sprechen. Sie haben sich zwar einer unverschämten Lüge bedient, welche der hier lebende Schriftsteller gleich auf der Stelle ahnden könnte. Sie hielten nämlich nicht ohne gehoffte unbillige Wirkung dafür, daß die Bosheit der gottlosen Lehre durch die fälschlich vorausgesetzte Ueberschrift gemildert würde, und desto gelinder in die Ohren des Volkes einfließen möchte, wenn man ihm glauben machen würde, daß diese Lehre selbst zu Rom ihre Vertheidiger hätte.

Eben darum aber liegt Uns eine größere Sorge, und Vorsicht ob, daß Wir den so nahen Gefahren der Seelen, so geschwinde als es möglich ist, vorbeugen: denn wie Unser Vorfahrer Cölestinus in seinem Briefe

an

noftra, deque Apoftolicae Poteftatis plenitudine antedictum Librum, cujus Titulus latine redditus: *Quid continent Documenta Antiquitatis Chriftianae de Auriculari Confeffione ab Eylel?* tamquam continentem Doctrinas, & Propofitiones refpective falfas, captiofas, temerarias, fcandalofas, feditiofas, fanctis Patribus contrarias, & injuriofas, fapientes haerefim, erroneas, haereticas, & a *Concilio Tridentino* uti haereticas damnatas, reprobamus, damnamus, ac pro reprobato ac damnato in perpetuum haberi volumus, atque decernimus.

Mandamus infuper, ne quisquam ex Chrifti Fidelibus cujuscumque gradus, & dignitatis, quamvis fpecialiffima nota dignis, Librum praedictum jam typis editum, five manu confcriptum, vel in fuo originali, vel in quacumque alia verfione legere, retinere, vel denuo imprimere, feu imprimi facere audeat, aut praefumat fub poena excommunicationis majoris ipfo facto abfque alia declaratione incurrenda, a qua nemo a quoquam, excepto dumtaxat mortis articulo, nifi a Nobis, feu a Romano Pontifice pro tempore exiftente, abfolutionis beneficium valeat obtinere.

Praecipimus quoque Bibliopolis, ac Typographis, caeterisque omnibus, ac fingulis cujuscumque gradus, & conditionis exiftant, vel quatenus praedictus Liber ad eorum manus devenerit, aut deveniat, illum, ftatim atque praefentes Litterae eis innotuerint, Locorum Ordinariis tradere, ac confignare fub eadem excommunicationis poena teneantur.

Memores porro nos, meritis licet imparibus, * fub illius nomine Ecclefiae praefidere, cujus a Domino Jefu Chrifto glorificata eft Confeffio,

---
* S. Leo I. Epift. 32. ad Marcianum, & Fauftum Presbyteros.

an den Cyrillus sehr weislich erinnert, so muß eine Wunde, wodurch nicht nur ein einzelnes Glied verletzt sondern selbst der ganze Körper der Kirche mit verwundet wird, bey erster Gelegenheit ausgeschnitten werden. Dieser Ursachen halber haben Wir auch Eybels Werkchen von der Ohrenbeicht, sobald als es Uns von frommen und gelehrten Männern zur Beurtheilung Unserm Apostolischen Amte zugeschickt worden ist, aus dem Deutschen in's Latein übersetzen lassen, und haben es, wie es die Wichtigkeit der Sache erheischt, der Prüfung mehrerer Lehrer der heil. Gottesgelehrtheit, und der Censur zu unterwerfen befohlen. Nachdem sie nun mehrere Berathschlagungen darüber gehalten, und Wir auch die Stimmen Unserer Brüder der Kardinäle der heil. Röm. Kirche, die Generalinquisitoren in der ganzen Christengemeinde wider die ketzerische Bosheit sind, angehört haben. So verwerfen und verdammen Wir vorgedachtes Buch, dessen Titel in's Latein übersetzt war: *quid continent Documenta antiquitatis Christianae de auriculari Confessione ab Eybel.* (D. i. Was enthalten die Urkunden des christlichen Alterthums von der Ohrenbeicht von Eybel) aus eigner Bewegung, und Unsrer gewissen Wissenschaft, Kraft Unsrer apostolischen Vollmacht als ein Buch, das Lehren, und respective falsche, verfängliche, verwegene, ärgerliche, aufrührische, den heiligen Vätern widersprechende, und schimpfliche, nach Ketzerey schmeckende, irrige, ketzerische und schon vom Concilio zu Trient als ketzerisch verdammte Sätze enthält; Wollen zugleich und befehlen, daß es auf immer für verworfen und verdammt gehalten werden soll.

Ueberdas befehlen Wir, daß kein Christgläubiger, wessen Standes und Würde er sey, wenn es auch die ansehnlichste wäre, es wage und sich unterstehe, gedachtes Buch gedruckt oder geschrieben; weder in der Urschrift, oder in was immer für einer Uebersetzung zu lesen, zu behalten; ferner noch zu drucken, oder drucken zu lassen, und zwar bey Strafe der größern Excommunication, die gleich auf die That selbst ohne weitere Erklärung incurirt werden, und von welcher Niemand anderer (außer in den letzten Zügen) als Wir allein, oder der jedesmalige Römische Pabst losspechen können soll.

fio, & cujus fides omnes haereses destruit, Vos, qui undique estis, Venerabiles Fratres, quibus sua cuique Gregis portio attributa est, in visceribus Christi, cum omni instantia hortamur, & obsecramus, ut pro diligenti cura, quam geritis Ecclesiarum, quibus praesidetis, collaborare nobiscum ne desinatis, nostrisque studiis, ac vigiliis studia vestra, vigiliasque adjungere, ut Divina opitulante gratia commissum Nobis Gregem servare a venenatis pascuis immunem, cumque Supremo Pastori, & Episcopo animarum, qui Nobis pascendum illum tradidit, purum, & incolumem repraesentare, ac reddere valeamus. In id incumbite, omnique ope satagite, * ut suis constabilita regulis Ecclesia, & justae pronuntiationis firmata Decreto, talibus patere non possit, qui perversis verborum argutiis, sub imagine Catholicae Fidei disputantes, velut pestiferum exhalantes virus, quo recte sentientium corda corrumpant, totam veri Dogmatis quaerunt evertere disciplinam.

Ut autem eaedem praesentes Litterae ad omnium notitiam facilius perducantur, nec quisquam illarum ignorantiam praetexere possit, volumus, & mandamus, illas ad valvas Basilicae Principis Apostolorum, & Cancellariae Apostolicae, nec non Curiae Generalis in Monte Citatorio, & in acie Campi Florae de Urbe per aliquem ex Curforibus nostris, ut moris est, publicari, illarumque Exempla ibi affixa relinqui. Sic vero publicatas perinde afficere omnes, & singulos, quos concernunt, ac si unicuique illorum personaliter notificatae, & intimatae fuissent. Ipsarum autem Litterarum praesentium transumptis, seu exemplis etiam impressis, manu alicujus Notarii publici subscriptis, & sigillo Personae in Ecclesiastica Dignitate constitutae munitis, eamdem fidem

---

* S. Innocent. I. Episcopis Carthaginen. Concilii.

Wir befehlen auch den Buchhändlern und Buchdruckern, und allen übrigen sowohl überhaupt, als Jedem in's besondere, was sie immer für eines Standes oder Würde sind, in deren Hände gedachtes Buch gekommen ist, oder kommen wird, daß sie, sobald ihnen das gegenwärtige Verboth bekannt geworden ist, sie selbes den ordentlichen Bischöfen jedes Orts bey eben derselben Excommunicationsstrafe einzuliefern, und einzuhändigen verbunden seyn sollen.

Da Wir Uns zugleich erinnern, daß Wir wiewohl aus ungleichen Verdiensten unter dem Namen derjenigen Kirche vorstehen, deren Bekenntniß von Jesu Christo unserm Herrn verherrlicht ist; * und deren Glaube alle Ketzereyen zerstört, so ermahnen Wir euch Ehrwürdige Brüder! wo ihr immer seyd, und wovon Jedem aus euch ein Theil der Heerde zugetheilt ist, dringendst um Christi Willen, und bitten euch, Ihr wollet Eurer fleißigen Obsorge gemäß, die ihr für die Kirchen habet, deren Vorsteher ihr seyd, mit Unsern Bemühungen und Unsrer Wachbarkeit auch euere Bemühungen und Wachbarkeit vereinigen, daß Wir mit Hilfe der göttlichen Gnade die Uns anvertraute Heerde von vergiften Weidungen befreyt, rein und unbeschädigt dem höchsten Hirten, und Seelenbischofe, der sie Uns zu weiden anvertraut hat, darstellen und zurücke stellen können. Hierauf verwendet euch, und gebet euch alle Mühe, daß die in ihren Regeln befestigte Kirche, durch die Verordnung des gerechten Ausspruchs gestärkt denen nicht ausgesetzt sey **, welche unter dem Bilde des katholischen Glaubens mit verkehrten Wortspitzfündigkeiten streiten, ihr verderbliches Gift die Gemüther der Rechtdenkenden anzustecken ausspeyen, und die ganze Verfassung der wahren Glaubenslehre umzustoßen suchen.

Daß aber dieses gegenwärtige Verboth desto leichter zu Jedermanns Wissenschaft gelange, und Niemand eine Unwissenheit vorschützen kann, so wollen und befehlen Wir, daß es an den Thoren der Basilika des Fürsten

---
* S. Leo I. Epist. 32. ad Marcian. & Faustum Presbyteros.
** S. Innocent. I. Episcopis Carthaginen. Concilii.

dem tam in Judicio, quam extra illud ubique Locorum haberi, quae iisdem praesentibus haberetur, si forent exhibitae & oftenfae. Datum Romae apud S. Mariam Majorem die XI. Novembris MDCCLXXXIV. Pontificatus Noftri Anno X.

I. Card. De Comitibus.

Anno a Nativitate Domini Noftri JESU CHRISTI Millefimo feptuagentefimo oftuagefimo quarto, Indictione fecunda, die vero Decimaoftava Novembris, Pontificatus autem Sanctiffimi in Chrifto Patris & D. N. D. PII Divina Providentia PAPAE SEXTI Anno Decimo, fupradictae Litterae Apoftolicae affixae, & publicatae fuerunt ad valvas Bafilicae Principis Apoftolorum, Cancellariae Apoftolicae, Curiae Generalis in Monte Citatorio, & in Acie Campi Florae, ac in aliis locis folitis, & confuetis Urbis per me Petrum de Ligne Apoftolicum Curforem.

Jacobus Butti Mag. Curf.

VI.

ſten der Apoſtel, und der Apoſtoliſchen Kanzellarie, wie auch an der Generalcurie in Monte citatorio, und in acie Campi florae in der Stadt durch einen Unſrer Bothen, wie es gewöhnlich iſt, öffentlich kund gemacht, und die Exemplare davon öffentlich angeſchlagen zurücke gelaſſen werden. Daß es alſo auf dieſe Art kund gemacht alle überhaupt, und jeden in's beſondere, die es angeht, betreffe, als wenn es Jedem ſonderheitlich und perſönlich zu wiſſen, und kund gemacht worden wäre. Auf gleiche Art ſollen die Abſchriften gegenwärtiges Verbothes, oder auch die gedruckten Exemplare, wenn ſie von einem öffentlichen Notär eigenhändig unterſchrieben, oder durch ein Siegel einer in Kirchenwürde ſtehenden Perſon geſertigt ſind, eben derſelbe Glauben ſowohl gerichtlich als außergerichtlich allenthalben beygemeſſen werden, den man dieſem gegenwärtigen, wenn es vorgewieſen oder vorgezeigt würde, beymeſſen würde. Gegeben zu Rom. apud S. Mariam Majorem den 11ten Novembers 1784 im 10ten Jahre Unſers Pabſtthumes.

I. Card. de Comitibus.

Im Jahre ſeit der Geburt unſers Herrn Jeſu Chriſti 1784 *indiſtione secunda*, den 18ten November, im 10ten Jahre des Pabſtthums unſers heiligſten Vaters in Chriſto, und D. N. U. Pius aus göttlicher Vorſicht Pabſtes des VIten iſt obengedachter Apoſtoliſcher Brief am Thore der Baſilika des Fürſten der Apoſtel, der Apoſtoliſchen Kammer, der Generalcurie in *Monte Citatorio* und in *Acie Campi Florae*, und an andern Orten der Stadt, wo es gewöhnlich iſt, und zu geſchehen pflegt durch mich Petrum de Ligne Apoſtoliſchen Bothen angeſchlagen worden.

Jacobus Butti Mag. Curſ.

VI.

VI.

DAMNATIO,
ET
PROHIBITIO
Libelli Germanico idiomate editi,

CUI TITULUS:

Allgemeines Glaubenbekenntniß aller Religionen, 1784.
Dem gesunden Menschenverstande gewidmet.

LATINE VERO:

*Universalis Professio Fidei omnium Religionum 1784.
sano Hominis intellectui dicata.*

ROMAE MDCCLXXXIV.
Ex Typographia Rev. Cameræ Apoſtolicæ.

PIUS PAPA VI.
Ad futuram rei memoriam.

Debito Apoſtolatus Noſtri officio vix functi, quo paucis ante diebus perniciosi Libri necessaria quidem, sed paterno cordi Noſtro acerba damnatione recrudescentes adversus auricularem Confessionem errores proscribere, Catholici Dogmatis depoſitum sartum, tectum cuſtodire, Fratresque Noſtros, ac filios in accepta semel a Sanctis fide con-

firma-

VI.
Verdammung
und
Verboth
eines in deutscher Sprache herausgegebenen Buches
unter dem Titel:
Allgemeines Glaubensbekenntniß aller Religionen 1784.
Dem gesunden Menschenverstande gewidmet.

Auf Latein aber:
Universalis Professio Fidei omnium Religionum 1784.
Sano hominis intellectui dicata.

Rom 1784.
Aus der Buchdruckerey der Ehrw. Apostolischen Kammer.

Pabst Pius der VI.
Zum künftigen Andenken der Sache.

Kaum hatten Wir der Pflicht Unsres Apostolischen Amtes genug gethan, wodurch Wir vor etlich wenigen Tagen Uns beflissen haben durch eine zwar nothwendige, für Unser väterliches Herz aber schmerzliche Verdammung die wider die Ohrenbeicht neu aufkeimende Irrthümer zu verbannen, und das bey Uns hinterlegte Gut der katholischen Glaubenslehre aufrecht und unbeschädigt zu erhalten, und Unsere Brüder und Söhne in dem einmal von den Heiligen empfangenen Glauben zu befestigen,

firmare fategimus, continuo ad nova, quae inflant, & acrius urgent, propulfanda pericula Paftoralis Noftra follicitudo vocatur.

Emerfit nuper e tenebris mole quidem exiguus, totus vero atro felle, ac veneno fuffufus ignoti Scriptoris Libellus, cui propofitum non unum tantum, aut alterum caput petere Chriftianae Doctrinae (tametfi nefas quicquam de Verbo Dei detrahere), fed plane omnem Chriftianae revelatae Religinis formam, ac fpeciem e medio tollere, funditusque delere. Libelli Titulus latine redditus: *Univerfalis Profeffio Fidei omnium Religionum* 1784. *fano Hominis intellectui dicata*, addita in fronte ad inanem oftentationem, brevi hac Sententia: *Agnofce Deum, & efto honeftus vir*. Quao Sententia fimulata, quam praefefert, fpecie probitatis fallere forte quemquam poffet, nifi & patens infcriptionis pravitas latentem fraudem detegeret, eaque mox Auctor fubijceret, quae & pietatem erga Deum, & moralem etiam honeftatem penitus convellerent. Quid enim a pietate tam alienum, quam Deum Optimum Maximum fub illis indifcriminatim nominibus agnofcendum proponere, quibus caecus olim Gentilium error Supremi Numinis Majeftatem non tam colere, quam obfcurare, ac violare confueverat, qui nimirum aberrantes a via Dei, cum cognoviffent Deum, non ficut Deum glorificaverunt, fed evanuerunt in cogitationibus fuis, dicentesque fe effe fapientes, ftulti facti funt? Quid a fano intellectu tam remotum, quam certum omne veri, ac falfi judicium e medio tollere? Dicere veritatem non univerfalem, fed individuam effe, ficut funt facies hominum diverfae? Non alium coram Tribunali veritatis Legum Codicem agnofcere praeter fenfualem experientiam, quae quam fit fallax, neminem latet, qui non fit fano intellectu plane deftitutus? Non fi cuique fuus eft vultus, alter alteri diffimilis, ita quoque diffimilis fui,

ac

ftigen, so ruft uns Unsre Sorgfalt wiederum auf, neue Gefahren, die bevorstehen, und noch bringender sind, abzuwenden.

Es schlief nicht unlängst aus der Finsterniß ein zwar an sich kleines, aber ganz von schwarzer Galle und Gift strotzendes Buch eines unbekannten Schriftstellers, der sich vornahm, nicht nur auf ein oder das andere Hauptstück der christlichen Lehre loszugehen (wiewohl es höchst unrecht ist, wenn man auch nur das Geringste von Gottes Worte wegnimmt) sondern sogar die ganze Form und Gestalt der christlichen geoffenbarten Religion aufzuheben, und vom Grunde aus zu vertilgen. Der Titel des Buches ist im Latein: *Universalis Professio fidei omnium Religionum 1784. Sano hominis intellectui dicata.* (D. i. allgemeines Glaubensbekenntniß aller Religionen 1784. Dem gesunden Menschenverstande gewidmet.) Voran steht zur eitler Prahlerey dieser kurze Spruch: Erkenne Gott, und sey ein ehrlicher Mann. Dieser verstellte Spruch könnte zwar Jemand vielleicht durch den Schein der Frömmigkeit, den er vor sich hat, hintergehen, wenn nicht die offenbare Bosheit der Ueberschrift den verborgnen Betrug entdeckte, und selbst der Verfasser auf der Stelle hinzusetzte, was nicht nur alle Ehrerbietigkeit gegen Gott; sondern auch zugleich alle sittliche Ehrbarkeit gänzlich zu Grunde richtete. Denn was ist so sehr von aller Ehrerbietigkeit entfernt, als wenn man Gott, den besten größten Gott unter denjenigen Namen ohne Unterschied zu erkennen vorstellt, unter denen einstens der blinde Irrthum der Heyden die Herrlichkeit des allerhöchsten Gottes nicht so fast zu verdunkeln, und zu verletzen gewohnt war. Sie irrten nämlich vom Wege Gottes ab, und ob sie schon Gott erkannt haben, so haben sie ihn doch nicht als einen Gott verherrlicht, verloren sich in ihren Gedanken, und ob sie sich schon für Weise ausgaben, so sind sie doch Thoren geworden. Was ist vom gesunden Menschenverstande weiter entfernt, als das gewisse Urtheil zwischen allem, was wahr oder falsch ist, gänzlich aus dem Wege zu räumen? Sagen, daß die Wahrheit nicht allgemein, sondern einzeln wäre, wie es die verschiedenen Gesichter der Menschen sind? Und kein anders Gesetzbuch vor dem Richterstuhle der Wahrheit erkennen, als die

ac diversa, in diversis potest esse veritas. Est profecto, quod sapienter monet S. Doctor *Augustinus* *, incommutabilis veritas, quam non possis dicere meam, vel tuam, vel cujusquam hominis: Veritas supereminens omnibus, ubique praesens, si cordis oculus ad eam pateat. Quod si ex immutabili aeternae veritatis Lege pendet certa omnis & firma recti, & honesti regula, quae demum in humanae vitae officiis constantia esse poterit, si constans nulla est, ac universalis, sed sua cuique individua veritas, agendique Legem ex propria sensuali experientia eruat quisque, ac repetat? Sic sublata universali veritate, universalem quoque honestatem corruere necesse est. Nec vero diffitendum, quod Scriptor ille magnopere urget, multam esse de veritate in hominum hinc inde dissentientium judiciis varietatem, dum alii alias sentientes, pro sua tamen opinione tanquam pro veritate dimicare cernuntur. At hoc ipso admoneri eum oportebat, quam misera sit humanae naturae conditio, si suae infirmitati relinquatur. Quam opus haberet humanum genus superiori lumine, & auxilio, quo ex ignorantiae hujus tenebris, contractisque difficultatibus emergeret. Quam necessarium, quam optabile supernae revelationis beneficium fuerit, quo ad omnem veritatem, bonitatem, & justitiam homines erudirentur, ipsisque ad beatitudinem per eum, qui via, veritas, & vita est, certum, ac directum iter pararetur. Contra ingratus Auctor tanto beneficio supernam hanc Divinae bonitatis manifestationem explodere aggreditur. Revelationem cum natura confundit; praveque adeo de Religione sentit, ut quaelibet Religione sine discrimine naturale Societatis humanae vinculum plus minusve abrumpi affirmet. Quod probrum si conferretur tantummodo in falsas alias omnes, exi‑
tia‑

---

* De Lib. Arb. L. 2. C. 12. Enarrat. 2. in Psalm. 33. Enarrat. 2. in Psal. 30.

sinnliche Erfahrung, wovon Jedermann, der doch nicht selbst des gesunden Menschenverstandes gänzlich beraubt ist, wissen muß, wie beträchtlich sie sey. Nicht wie Jedermann sein Gesicht hat, und einer dem andern ungleich, so auch sich selbst ungleich ist, kann auch die Wahrheit in verschiedenen Dingen verschieden seyn. Der heilige Kirchenlehrer Augustinus erinnert sehr weislich*: daß sich die Wahrheit nicht vertauschen läßt, und daß Niemand davon sagen kann: Sie ist meine, deine Wahrheit, oder die Wahrheit dieses oder jenes Menschen. Die Wahrheit hebt sich über alles heraus; sie ist überall gegenwärtig, wenn sich ihr das Auge des Herzens aufschließt. Wenn nun jede gewisse Regel dessen, was recht und ehrbar ist, vom unveränderlichen Gesetze der ewigen Wahrheit abhängt, wie könnte denn endlich in den Pflichten des menschlichen Lebens eine Beständigkeit seyn, wenn es keine beständige und allgemeine Wahrheit gäbe; sondern jeder seine einzelne Wahrheit für sich hätte, und jeder sich selbst sein Gesetz zu handeln aus der eignen sinnlichen Erfahrung heraus nehmen, und herholen könnte? Wenn also die allgemeine Wahrheit aufgehoben wäre, so würde die nothwendige Folge seyn, daß auch die allgemeine Ehrbarkeit mit zu Grunde gienge. Es ist zwar nicht zu mißkennen, daß dieser Schriftsteller heftig behauptet: Es sey ein großer Unterschied in den menschlichen Urtheilen über die Wahrheit; weil selbst diese Urtheile der Menschen in diesem Stücke nicht überein kämen, indem einer dieser, der andere wiederum einer andern Meinung ist, und jeder für seine Meinung wie für die Wahrheit zu fechten pflegt. Aber eben dadurch hätte er sich selbst erinnern sollen, wie elend es um die Beschaffenheit der menschlichen Natur stehe, wenn sie ihrer Schwachheit überlassen wird. Und wie sehr das menschliche Geschlecht eines höhern Lichts und Hilfe bedarf, wodurch es sich aus den Finsternissen dieser Unwissenheit, und den zugezogenen Schwierigkeiten herauswickle. Wie nothwendig und erwünschlich die Wohlthat der übernatürlichen Offenbarung sey, wodurch die Menschen in aller Wahrheit, Güte und Gerechtigkeit

---

* De Lib. arb. l. 2 c. 12. Enarrat. 2. in Psalm. 33. Enarrat. 2. in Psalm. 30.

tialesque sectas, quae sacrum Religionis nomen profana usurpatione dedecorant, fatendum esset merito conjectum. At una existit, una eminet, lucetque in oculis omnium, velut Civitas supra montem posita, Christiana Catholica Religio, quae hominis officia omnia erga Deum, erga seipsum, & Proximum statuit, ac temperat in eum modum, quo humani generis, humanaeve Societatis bono comparando nil aptius, aut conducibilius excogitari possit. Quo uno argumento, inter alia innumera, liquido quisque intelligere queat, tam praeclarum bonum nonnisi praestantissimo Divinae sapientiae, ac largitatis muneri acceptum referri oportere. Quam porro absurdum, quam impium, quod subjungere non erubescit — *Nullibi praeceptum esse, nec praecipi posse recte sentire, sed recte facere beatumque illum qui hoc praestat, sit deinde Judaeus, Turca, Ethnicus, Christianus, aut Naturalista.* — An non praecipimur de Deo sentire in bonitate, omnesque animi nostri affectus quantumvis intimos, & reconditos ex praescripto Divinae Legis moderari? An qui prave sentiat, innocens fuerit coram Deo, qui corda scrutatur, & renes? An vero quisque, quantumvis animo pessime affectus, hoc ipso beatus reputabitur, quod ab exteriore flagitio manum cohibeat, ac dum factis probitatem simulat, quam non habet, mentitur ipse sibi, proximis, ac Reipublicae illudit, partemque sibi ponit cum hypocritis? Jam quae gravior, quae atrocior contumelia coniici potuit in Auctorem Fidei, & Consumatorem Jesum, quam ut Judaica perfidia, foeda Mahumetanorum immanitas, Ethnica superstitio, inconstans aeque ac impia vanitas Naturalistarum una cum Christiana, plena sanctitatis professione congerantur in unum, eique per summam turpitudinem exequantur? Misera, nec unquam satis deploranda stultitia, quae in quorumcumque errorum portenta pari aequabilitate vertit sese, & accommodat; dumque nullam respuit falsitatem,

unterwiesen werden, und ihnen durch denjenigen, der der Weg, die Wahrheit und das Leben ist, die gewisse und gerade Strasse zubereitet werden soll. Der für eine so große Wohlthat undankbare Verfasser waget es aber diese übernatürliche Offenbarung der göttlichen Güte auszulöschen. Er vermischt die Offenbarung mit der Natur; und denkt von der Religion so arg, daß er behauptet: das natürliche Band der menschlichen Gesellschaft wurde durch jede Religion ohne Unterschied mehr oder weniger abgerissen. Wenn er diesen Schandflecken nur allen andern falschen, und verderblichen Secten anhienge, die den heiligen Namen der Religion durch einen unheiligen Gebrauch schänden, so müßte man bekennen, daß es mit Rechte geschähe. Aber es giebt nur Eine Religion. Nur Eine hebt sich heraus, und glänzt in Jedermanns Augen wie eine auf einen Berg gebaute Stadt, und diese ist die christlich katholische Religion, welche alle Pflichten des Menschen gegen Gott, gegen sich selbst, und gegen den Nächsten bestimmt, und so auf eine Art mäßigt, daß nichts Schicklichers oder Nutzbarers zum Besten des menschlichen Geschlechtes, und der menschlichen Gesellschaft ausgedacht werden kann. Unter andern unzähligen Proben kann Jedermann aus diesem einzigen Beweisgrunde deutlich genug abnehmen, daß man ein so vortrefliches Gut bloß dem überaus vortreflichen Geschenke der göttlichen Weisheit und Freygebigkeit zu danken habe. Wie ungereimt und gottlos ist also das, was sich der Verfasser zu behaupten nicht schämt: „Es sey nirgends gebothen, und könne nicht gebothen werden recht zu denken; sondern nur recht zu thun, und wer dieses thut, der sey selig, er möge hernach ein Jude, ein Türke, ein Heyde, ein Christ, oder ein Naturalist seyn." Ist uns denn nicht gebothen von Gott gut zu denken, und alle Leidenschaften unsers Gemüthes, so geheim, und verborgen sie auch sind, nach der Vorschrift des göttlichen Gesetzes zu mäßigen? Ist derjenige, der böse denkt, vor Gott dem Herzensforscher unschuldig? Oder ist derjenige, der innerlich auch sehr böse beschaffen ist, schon dadurch für selig zu halten, weil er sich von äußerlichen Missethaten enthält, und da seinem Thun nach sich fromm zu seyn anstellt, das er nicht ist, sich

selbst

tatem, hoc ipfo fervire omnium erroribus convincitur ! * Sic in dies multiplicantur qui tribulant Nos, qui infurgunt adverfus Nos. Non tamen eos oderimus, per quos exercemur, quorum quamdiu hic funt, non eft defperanda correctio. Quin potius bonum pro malo reddentes, enixis precibus Omnipotentem Deum, cujus in manu pofitae funt omnium voluntates, orare non definamus, ut aliquando ipfi convertantur, & Nobifcum exerceantur. Adaperiat Deus corda eorum, ut, monente Auguftino, intelligant — *Neque in confufione Paganorum, neque in purgamentis Haereticorum, neque in languore Schifmaticorum, neque in caecitate Judaeorum quaerendam effe Religionem, fed apud eos folos, qui Chriftiani Catholici, vel Orthodoxi nominantur, id eft integritatis cuftodes, & recta fectantes.* ** — Nos vero, quos de tenebris in admirabile lumen fuum Chriftus vocare dignatus eft, teneamus Confeffionem — Teneamus Mediatorem noftrum, in quo funt omnes Thefauri fapientiae, atque fcientiae abfconditi, ut neque falfae Philofophiae loquacitate feducamur, neque falfae Religionis fuperftitions teneamur. *** —

Ergo Fratres (Vos verbis alloquimur, quibus olim Gregem fuum Praeful, & Ecclefiae Pater, doctrina aeque ac vitae fanctitate infignis *Maximus Taurinenfis* ad Fidei conftantiam hortabatur, cujus Nos eximia Opera, & plura adhuc latentia, quo plus prodeffent, diligenti ftudio recognofci, & in lucem edi curavimus), *ergo Fratres, ineluctabili Fide, ac devotione folita, Sacerdotis tot femper monitis inhaerentes, per Religiofi itineris vias, ac veritatis femitas, quas univerfa tenet Ec-*
sle-

---

* S. Leo Serm. 1. de Nat. SS. Petri, & Pauli.
** De vera Religion. C. 5.
*** Id. de Genef. ad Lit. ter. l. 1. C. 21.

selbst anlügt, mit dem Nächsten und dem gemeinen Wesen Hohn treibt, und seinen Antheil unter den Heuchlern nimmt? Könnte wohl ein größere und gräulichere Unbild auf Jesum den Urheber und Vollender des Glaubens zurücke geworfen werden, als wenn die jüdische Treulosigkeit, die schändliche Grausamkeit der Mahumetaner, der heydnische Aberglauben, die eben so unbeständige als gottlose Eitelkeit der Naturalisten mit der christlichen Bekenntniß, die voll Heiligkeit ist, zusammen geworfen, und derselben auf das Schändlichste gleich gehalten wird? Elende Thorheit, die niemal genug beweint werden kann, und die sich zu den Ungeheuern aller Irrthümer, was sie auch immer für eine sind mit voller Gleichgültigkeit wendet, und sich darein schickt; und die eben dadurch überwiesen wird, daß sie allen Irrthümern zu Dienste stehe; weil sie keinen Irrthum von sich ablehnt.* Und so vervielfältigen sich diejenigen täglich, die Uns beängstigen, und sich wider Uns empören. Wir hassen aber deswegen diejenigen nicht, durch die Wir geübt werden; denn solange als sie noch leben, ist noch an ihrer Besserung nicht zu verzweifeln. Im Gegentheile wollen Wir ihnen vielmehr das Böse mit Gutem vergelten, und den allmächtigen Gott, in dessen Händen der Wille aller Menschen liegt, mit heißem Gebethe anzuflehen nicht unterlassen, daß auch sie bekehrt, und mit Uns geübt werden. Gott schließe ihre Herzen auf, daß sie, wie Augustinus erinnert, begreifen — „Daß die Religion nicht bey der Verwirrung der Heyden, nicht bey den Auswürfen der Ketzer, nicht bey dem Kaltsinne der von Uns getrennten; nicht bey der Blindheit der Juden; sondern nur bey denen allein zu suchen sey, die katholische Christen und Rechtgläubige, d. i. Aufbewahrer der Frömmigkeit, und Befolger dessen, was Recht ist, genannt werden."** Wir aber, die Christus aus der Finsterniß zu seinem wunderbaren Lichte zu berufen, sich gewürdigt hat, wollen auf Unserer Bekenntniß verharren: — Wir wollen Uns an unsern Mittler hal-

---

* S. Leo Serm. 1. de Nativ. SS. Petri & Paull.

** De vera Religion. c. 5.

clefia, gradientes, magis magisque Haereticorum devia, & diabolica calcate figmenta. * =

Ne vero exitiosi Opusculi contagione fundat se latius, quae calamitosis hisce temporibus heu nimium invalescit, serpitque ut cancer proterva de Religione indifferenter opinandi licentia; ne, quod absit, quempiam vel ex minimis, qui Nostrae curae crediti sunt, seducat cor pravum incredulitatis discedendi a Deo vivo, pro Pastoralis officii Nostri munere, cum omni sollicitudine providere cupientes, hunc ipsum Libellum latine verti, & complurium in sacra Theologia Magistrorum examini subiici mandavimus; quorum habitis consultationibus, auditisque suffragiis Venerabilium Fratrum Nostrorum S. R. E. Cardinalium in tota Republica Christiana adversus haereticam pravitatem Generalium Inquisitorum, Motu proprio, & ex certa scientia Nostra, deque Apostolicae potestatis plenitudine antedictum Libellum, *Universalis Professio Fidei omnium Religionum* 1784. *sano Hominis intellectui dicata*, tanquam continentem doctrinam, & propositiones respective falsas, temerarias, scandalosas, perniciosas, erroneas, impias, haeresi faventes, haereticas, totiusque revelatae Religionis subversivas, damnamus, ac pro damnato, & reprobato in perpetuum haberi volumus, atque decernimus.

Praecipimus insuper, ne quisquam ex Christi fidelibus cujuscumque gradus, & dignitatis, quamvis specialissima nota dignis, Libellum praedictum jam typis editum, sive manu conscriptum, vel in suo Originali, vel in quacumque alia versione legere, retinere, vel denuo im-

---
* Homil. IX. inter Hiemal.

halten, in welchem alle Schätze der Weisheit und Wissenschaft verborgen sind, so daß Wir durch das Geschwätz einer falschen Weltweisheit nicht verführt, noch in den Aberglauben einer falschen Religion verstrickt werden.*

Ihr also Brüder! (Wir reden euch mit den Worten an, wodurch einstens seine Heerde der Kirchenvorsteher und Kirchenvater, der wegen seiner Lehre sowohl als wegen der Heiligkeit seines Lebens gleich berühmte Maximus von Turin zur Standhaftigkeit im Glauben aufmunterte) „Ihr Brüder also, die ihr mit unerschütterten Glauben und gewöhnlicher Ehrfurcht so vielen Ermahnungen des Priesters jederzeit Folge leistet, ihr, die ihr durch die Wege der Religion und durch den Pfad der Wahrheit, welchen die ganze Kirche betritt, fortschreitet; zertretet die Abwege der Ketzer, und die teuflischen Blendwerke." **

Daß sich aber die vermessentliche Freyheit gleichgültig von der Religion zu denken, die ohnehin leider! bey diesen betrübten Zeitläufen nur gar zu sehr überhand nimmt, und wie der Krebs fortschleicht, durch dieses ansteckende Werkchen nicht weiter verbreite; und daß (welches ferne sey) keinen auch von den Geringsten, die Unsrer Obsorge anvertraut sind, das böse Herz der Ungläubigkeit von dem lebendigen Gott ableite, so wollten Wir der Pflicht Unsers Oberhirtenamtes gemäß mit aller Sorgfalt eine Fürsorge thun; ließen dieses Büchelchen in's Latein übersetzen, und befahlen es der Prüfung mehrerer Lehrer in der Gottesgelehrtheit zu unterwerfen. Nachdem sie also ihre Berathschlagungen darüber gehalten, und Wir auch die Stimmen Unsrer ehrwürdigen Brüder der Kardinäle der heil. Römischen Kirche, die Generalinquisitoren in der ganzen Christengemeinde wider die ketzerische Bosheit sind, angehört haben, so verwerfen und verdammen Wir aus eigner Bewegung, und aus Unsrer gewissen Wissenschaft, wie auch aus Apostolischer Vollmacht gedachtes Buch: *Universalis Professio Fidei omnium Religionum* 1784. *Sano Hominis in-*

---
* Id de Genes. ad Litt. L. 1, C. 21.
** Homil. 9. inter hyemal.

imprimere, seu imprimi facere audeat, aut praesumat sub poena suspensionis a divinis quantum ad Personas Ecclesiasticas; quantum vero ad Personas Saeculares sub poena excommunicationis majoris ipso facto absque alia declaratione incurrendis, quarum absolutionem, & respective relaxationem Nobis, & Successoribus Nostris Romanis Pontificibus reservamus, excepto dumtaxat, quoad Excommunicationem praedictam, mortis articulo, quo nimirum quilibet Confessarius ab hujusmodi Censura, ut praefertur, incursa absolvere poterit.

Mandamus quoque Bibliopolis, ac Typographis, caeterisque omnibus, & singulis cujuscumque gradus, conditionis, & dignitatis Personis Ecclesiasticis, & Saecularibus, etiamsi speciali, & individua mentione indigeant, ut quatenus praedictus Libellus vel in suo Originario, vel in quocumque idiomate impressus, vel etiam manuscriptus, ad eorum manus devenerit, statim deferre illum teneantur Ordinariis Locorum sub eisdem suspensionis a Divinis comminatis poenis, ac respective excommunicationis.

Ut autem eaedem praesentes Litterae ad omnium notitiam facilius perducantur, nec quisquam illarum ignorantiam praetexere possit, volumus, & mandamus, illas ad valvas Basilicae Principis Apostolorum, & cancellariae Apostolicae, necnon Curiae Generalis in Monte Citatorio, & in acie Campi Florae de Urbe per aliquem ex Cursoribus nostris, ut moris est, publicari, illarumque Exempla ibi affixa relinqui. Sic vero publicatas perinde afficere omnes, & singulos, quos concernunt, ac si unicuique illorum personaliter notificatae, & intimatae fuissent. Ipsarum autem Litterarum praesentium transumptis, seu exemplis etiam impressis, manu alicujus Notarii publici subscriptis, & figillo

tellectui dicata. (Allgemeines Glaubensbekenntniß aller Religionen 1784. Dem gesunden Menschenverstande gewidmet) als ein Buch, das eine Lehre und respective falsche, verwegene, ärgerliche, schädliche, irrige, gottlose, der Ketzerey günstige, ketzerische, und die ganze geoffenbarte Religion umstürzende Sätze enthält; wollen zugleich und befehlen, daß es auf immer für verworfen, und verdammt gehalten werden soll.

Ueberdas befehlen Wir, daß kein Christgläubiger, wessen Standes und Würde er sey, wenn er auch der sonderheitlichsten Hochachtung würdig wäre, es wage und sich unterstehe gedachtes Buch gedruckt oder geschrieben; weder in Urschrift noch in was immer für einer Uebersetzung zu lesen, zu behalten, ferner noch zu drucken oder drucken zu lassen, und zwar bey Strafe der Suspension von geistlichen Verrichtungen, wenn es geistliche Personen sind, oder, wenn es weltliche sind, bey Strafe der größern Excommunication, die gleich auf die That selbst ohne weitere Erklärung incurrirt werden soll, und wovon Wir die Lossprechung respective Auflösung Uns und Unsern Nachfolgern den Römischen Päbsten vorbehalten, den einzigen Fall ausgenommen, wenn Jemand mit gedachter Excommunication in den letzten Zügen läge, in welchem Falle jeder Beichtvater von einer solchen, vorgeblich incurrirten Censur lossprechen wird können.

Wir befehlen auch den Buchhändlern und Buchdruckern, und all übrigen wessen Standes oder Würde sie auch sind, geistlichen und weltlichen Personen, wiewohl sie sonst einer sonderheitlichen und namentlichen Meldung bedürfen, daß, wenn ihnen gedachtes Büchelchen entweder in seiner Ursprache, oder in was immer für einer Uebersetzung oder Handschrift zu Handen kommen soll, sie es bey eben oben angedrohten Suspensions- von geistlichen Verrichtungen, und respective Excommunicationsstrafen den ordentlichen Bischöfen jedes Ortes auf der Stelle einliefern.

Daß aber gegenwärtiges Verboth desto leichter zu Jedermanns Wissenschaft gelange, und Niemand die Unwissenheit vorschützen kann, so wollen, und befehlen Wir, daß es bey den Thoren der Basilika des Fürsten der Apostel, und der Apostolischen Kammer, wie auch bey der General-

sigillo Personae in Ecclesiastica Dignitate constitutae munitis, eamdem fidem tam in Judicio, quam extra illud ubique Locorum haberi, quae iisdem praesentibus haberetur, si forent exhibitae & ostensae. Datum Romae apud S. Mariam Majorem die XVII. Novembris MDCCLXXXIV. Pontificatus Nostri Anno X.

I. Card. de Comitibus.

Anno a Nativitate Domini Nostri JESU CHRISTI Millesimo septingentesimo octuagesimo quarto, Indictione secunda, die vero vigesima nona Novembris, Pontificatus autem Sanctissimi in Christo Patris & D. N. D. PII Divina Providentia PAPAE SEXTI Anno Decimo, supradictae Litterae Apostolicae affixae, & publicatae fuerunt ad valvas Basilicae Principis Apostolorum, Cancellariae Apostolicae, Curiae Generalis in Monte Citatorio in Acie Campi Florae, ac in aliis locis solitis, & consuetis Urbis per me Petrum de Ligne Apostolicum Cursorem.

Jacobus Butti Mag. Curs.

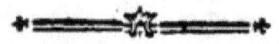

VII.

curie in Monte citatorio und in Acie Campi Florae in der Stadt durch einen Unsrer Bothen, wie es gewöhnlich ist, öffentlich kund gemacht, und Exemplare davon öffentlich angeschlagen zurücke gelassen werden. Daß es also auf diese Art kund gemacht, alle überhaupt und jeden in's besondere, die es angeht, betreffe, als wenn es ihnen sonderheitlich und persönlich zu wissen, und kund gemacht worden wäre. Zugleich sollen den Abschriften gegenwärtigen Verboths, oder auch den gedruckten Exemplaren, wenn sie von einem öffentlichen Notär unterschrieben, und mit dem Siegel einer in einer Kirchenwürde stehenden Person gefertigt sind, eben derselbe Glauben sowohl gerichtlich als außergerichtlich allenthalben beygemessen werden, den man diesem gegenwärtigen, wenn es vorgewiesen und vorgezeigt würde, beymessen würde. Gegeben zu Rom apud S. Mariam Majorem den 17. November 1784 im 10ten Jahre Unsers Pabstthumes.

I. Card. de Comitibus.

Im Jahre seit der Geburt unsers Herrn Jesu Christi 1784 *indictione secunda*, den 29sten November im 10ten Jahre des Pabstthums unsers heiligsten Vaters in Christo und Herrn Pius aus göttlicher Vorsicht Pabstes des *VI*ten ist obengedachter Apostolischer Brief am Thore der Basilika des Fürsten der Apostel, der Apostolischen Kammer, der Generalcurie *in Monte citatorio*, und *in Acie Campi Florae*, und an andern Orten der Stadt, wo es gewöhnlich ist, und zu geschehen pflegt, durch mich Petrum *de Ligne* Apostolischen Bothen angeschlagen worden.

Jacobus Butti Mag. Curt.

VII.

VII.

DAMNATIO,
ET
PROHIBITIO

Libri Germanico idiomate editi, & in duas partes divisi, cui Titulus :

Johann Lorenz Isenbiehl's neuer Versuch über die Weißagung von Emanuel, 1778.

ROMAE MDCCLXXXIX.
Ex Typographia Rev. Cameræ Apostolicæ.

PIUS PAPA VI.
Ad futuram rei memoriam.

DIVINA CHRISTI DOMINI voce admoniti, etsi non ignoramus necesse esse, ut veniant scandala, falsosque Prophetas ad Fidei morumque integritatem labefactandam idem ipse Veritatis Magister edixit identidem exticuros; cum tamen haec eadem divinitus praenunciata huic maxime tempori nimium & vere congruere intelligimus, incredibili quodam sensu doloris intime afficimur.

Dolemus autem majorem in modum, quod ex iis ipsis, qui Catholicam Religionem profitentur, non desint errorum Magistri, qui profa-
nis.

VII.

Verdammung
und
Verboth

eines in deutscher Sprache herausgegebenen und in zween Theile abgetheilten Buches unter dem Titel:

Johann Lorenz Isenbiehl's neuer Versuch über die Weißagung von Emanuel 1778.

Rom 1779.
Aus der Buchdruckerey der Ehrw. Apostolischen Kammer.

Pabst Pius der VI.
Zum künftigen Andenken der Sache.

Wiewohl Uns gemäß der Ermahnung der göttlichen Stimme Christi des Herrn nicht unbekannt ist, daß nothwendig Aergernisse kommen; und wiewohl selbst dieser Lehrer der Wahrheit den Ausspruch gethan hat, daß immerzu falsche Propheten auftreten werden, die Aufrechthaltung des Glaubens und der Sitten zu schwächen, da Wir aber wahrnehmen, daß eben diese göttlichen Weißagungen in der That, und nur gar zu sehr auf dieses unser Zeitalter eintreffen, so machet dieses ein unglaubliches Gefühl des innersten Schmerzens in Uns rege.

Was Uns aber über alle Maaßen schmerzt, das ist, daß es selbst unter denen, die sich zur katholischen Religion bekennen, nicht an Lehrern von Irrthümern mangelt, die unheiligen Neuerungen nachhangen, die, indem
sie

nis novitatibus indulgentes, dum terminos transiliunt, quos Patres nostri posuerunt, a via veritatis deflectunt, & Domestici fidei cum sint, seu potius videri velint, apertis hostibus adjungere se non verentur, eisdemque ad impietatis propagationem nova veluti subsidia, & adjumenta suppeditare : Hi scilicet praedicti sunt, qui veniunt ad vastandum gregem, tecti vestimentis Ovium, eo deteriores, quo sunt ad nocendum aptiores.

Hinc commovemur etiam Christianae plebis periculo, cujus fidei innocentiae laqueos, insidias, fraudes omni ex parte comparari animadvertimus. *Nam ad quae jam Grex Sanctus septa confugiet, si intra Ovilia Ecclesiae saucietur?* Id tum saepe alias, tum maxime praecipua quadam ratione hisce praeteritis Mensibus experti sumus, cum ad Aures nostras allatum est, superiori Anno teterrimum Librum prodiisse Germanico idiomate conscriptum, ex quo maxima Christiano populo certissimaque pernicies impenderet. Is autem Liber hunc Titulum Germanice praefert = Johann Lorenz Isenbiehl's neuer Versuch über die Weißagung vom Emmanuel = qui Latine redditus sic habet = *Johannis Laurentii Isenbiehl's novum tentamen in Prophetiam de Emmanuele* 1778.

Mirum dictu quantam liber iste, statim atque vulgari coepit, bonorum omnium indignationem commoverit, mirantium ab homine Sacris addicto tantam errorum labem in tam exiguum Opus coniici potuisse, tum etiam dolentium non id tantum agi, ut veneni particulam, qui legant, per imprudentiam hauriant ; sed eo totam infelicis tentaminis summam spectare, ac ducere, ut posthabita Patrum Auctoritate, quos Ecclesiae suae Deus Doctores dedit ac Pastores, novis, peregrinis,

sie, die von unsern Vätern aufgestellten Gränzsteine überschreiten, von dem Wege der Wahrheit abweichen, und da sie unsere Glaubensgenossen sind oder wenigstens zu seyn scheinen wollen, sich nicht scheuen sich zu unsern offenbaren Feinden zu schlagen, und ihnen zur Fortpflanzung der Gottlosigkeit neue Waffen und Hilfsmittel an die Hand zu geben. Diese sind's nämlich, von denen geweißagt war, die in Schafskleidern daher kommen die Heerde zu zerstören, und die desto ärger als sie schicklicher sind, einen Schaden zuzufügen.

Darum werden Wir auch durch die Gefahr der sämmtlichen christlichen Gemeinde aufgerufen, indem wir bemerken, daß der Unschuld ihres Glaubens allenthalben Fallstricke gelegt, und betrügerische Nachstellungen gemacht werden. Denn in welche Sicherheitsplätze soll sich die heilige Heerde flüchten, wenn sie im Schafstalle der Kirche selbst verwundet wird? Das alles haben Wir zwar vorhin öfter; vorzüglich aber, und auf eine ganz sonderheitliche Art erst die verflossenen Monate her erfahren, da Uns zu Ohren kam, daß im verflossenen Jahre ein sehr schädliches Buch in deutscher Sprache erschien, wodurch dem Christenvolke das größte und gewisseste Verderbniß bevorstünde. Dieses Buch hat in deutscher Sprache den Titel: Johann Lorenz Isenbiehl's neuer Versuch über die Weißagung vom Emmanuel. Nach der lateinischen Uebersetzung heißt es: *Johannis Laurentii Isenbiehl's novum tentamen in Prophetiam de Emanuele* 1778.

Es ist zum Verwundern, wie sehr alle gut denkenden durch dieses Buch gleich bey seiner Erscheinung aufgebracht wurden. Sie verwunderten sich nämlich, wie doch so viel Verderbniß von Irrthümern und zwar von einem Manne, der geistlich ist, in ein so kleines Werk zusammengestoppelt werden konnte. Sie verwunderten sich aber nicht nur; sondern bedauerten zugleich, daß es darauf angesehen wäre, daß nicht nur diejenigen, die es lesen, einen Theil des Giftes unbehutsamer Weise einsaugen; sondern daß sogar die ganze Hauptsache dieses unglücklichen Versuches darauf ziele, und hinleite, daß das Ansehen derjenigen Väter die Gott seiner Kirche zu Lehrern und Hirten gegeben hat, auf die Seite

nis, atque a privato, depravatoque Spiritu profectis explicationibus Divina Oracula pervertat, fideliumque mentes a salutaribus pascuis abductas, quae Salvatoris fontibus irrigantur, in spinosa, ac venenata dumeta coniiciat. Sane cum ad Divini Verbi puritatem conservandam, & a petulantibus ingeniis vindicandam Tridentini Patres decreverint, ut in rebus ad fidem, & mores pertinentibus nemo Sacram Scripturam contra eum sensum, quem tenuit, ac tenet Sancta Mater Ecclesia, aut etiam contra unanimem consensum Patrum, interpretari audeat, querebantur non eo Decreto coerceri potuisse procax hominis ingenium; sed eo temeritatis, & insaniae progressum esse, ut saluberrimam regulam, nec sine Divini Spiritus ope constitutam, fallacibus commentis eludere, seu verius in discrimen & contemptum adducere niteretur. Maxima vero se prodidit Catholicorum offensio, cum praedicari audierunt, Propheticum Oraculum de Divino Emmanuelis ortu ex Virgine non ad Virgineum Deiparae partum, quem Prophetae omnes annuntiaverunt, non ad verum Emmanuelem Christum Dominum ullo sensu sive litterali, sive typico pertinere; Cumque S. Matthaeus insigne istud vaticinium in illo mirabili pietatis Sacramento adimpletum expressis verbis testetur, hoc tamen ipsum non ut Oraculi adimplementum, sed ut adnotationem meram, vel allusionem a S. Evangelista memorari. Qua in re horruerunt piae aures, Scripturam simul, & Traditionem, qualis perpetuo ex unanimi Patrum consensu ad nos pervenit, per summam impudentiam labefactari.

Quae cum ad Nos multorum Litteris, & querelis deferrentur, succurrit animo quod jam olim querebatur *Leo Magnus Epist. Synod. ad Flavium,* = *in hanc eos insipientiam cadere, qui cum ad cognoscendam veritatem aliquo impediuntur obscuro, non ad propheticas voces,*

gesetzt, und die göttlichen Aussprüche durch neue, fremde, und solche Erklärungen verdrehet werden, die von einem einzelnen und verdorbenen Geiste herkommen; und daß die Gemüther der Gläubigen von der heilsamen Weide, die durch die Quelle des Heilandes bewässert werden, abgeleitet, und zu vornichten und vergifteten Sehägen hingeführt werden. Fürwahr! Nachdem die Väter zu Trient, die Reinigkeit des Worts Gottes zu erhalten, und vor muthwilligen Köpfen zu sichern beschlossen hatten, daß Niemand die heilige Schrift in Punkten, die zur Glaubens- und Sittenlehre gehören, wider denjenigen Sinn, welchen die heilige Mutter die Kirche dafür hält, und dafür gehalten hat, und wider den einmüthigen Sinn der Väter zu erklären sich unterstehe, so beklagten sie, daß der leichtfertige Menschenverstand durch diese Verordnung nicht nur nicht im Zaume gehalten werden konnte; sondern daß er sogar in seiner Vermessenheit und Thorheit soweit gegangen sey, daß er sich bestrebe, diese heilsamste Vorschrift, die nicht ohne Beyhilfe des göttlichen Geistes gemacht worden ist, durch betrügerische Erdichtungen zu vereiteln, oder vielmehr der Gefahr und Verachtung auszusetzen. Größten Theils stießen sich aber die katholischen Christen daran, als sie predigen hörten, daß die prophetische Weißagung von der Geburt des göttlichen Emmanuels aus einer Jungfer nicht von der Geburt der jungferlichen Gottesgebährerinn, die alle Propheten angekündigt haben, zu verstehen sey, und daß sie zu Christo dem Herrn als dem wahren Emmanuel auf keinerley Art weder im buchstäblichen noch typischen Verstande gehöre. Und wiewohl der heil. Matthäus ausdrücklich bezeugt, daß gedachte Weißagung in diesem wunderbaren Geheimnisse der Heiligkeit erfüllt sey, so wird doch eben dieses Zeugniß nicht als eine von dem heil. Evangelisten angebrachte Erfüllung gedachter Weißagung; sondern als eine bloße Anmerkung oder Anspielung angegeben. Hierüber erschracken alle Ohren gottseliger Leute, daß nämlich die Schrift sowohl als die Tradition, so wie sie durch einmüthige Uebereinstimmung der Väter auf uns her kam, durch die größte Unverschämtheit geschwächt würde.

non ad Apostolicas Litteras, nec ad Evangelicas auctoritates, sed ad semetipsos recurrunt = Certum est autem, quod pridem edixerat S. Caelestinus, scribens ad Cler. & Popul. Constantinopolitanum, = *Quia tales Sermonum Novitates de vano gloriae amore nascuntur: dum sibi nonnulli volunt acuti, perspicaces, & sapientes videri, quaerunt quid novi proferant, unde apud animos imperitos temporalem acuminis gloriam consequantur.*

In his porro aerumnis, & periculis non parvam nobis moeroris levationem attulit pia sollicitudo, atque invictum robur praeclarissimorum inclitae Germanicae Gentis Antistitum, qui primum nil intentatum reliquerunt, quo opportunis sive hortationibus; sive damnationibus, adscitis etiam doctissimorum undique Virorum sententiis, glisc :nti malo medicinam adhiberent, & inimicis praedicationibus resisterent. Deinde cum eorum prudentiam non lateret eam esse antiquae regulae formam toto semper Orbe servatam. quod per omnes Provincias de Apostolico fonte petentibus Responsa semper emanent, (& praesertim quoties fidei ratio ventilatur, omnes Fratres, & Coepiscopos nostros nonnisi ad Petrum, id est sui Nominis, & honoris Auctorem referre debere, quod per totum Mundum possit Ecclesiis omnibus in commune prodesse) illi Orthodoxorum Patrum exempla secuti rem totam ad Nos mature deferre non praetermiserunt, enixis insuper precibus contendentes, ut nostrum super pestilenti Libro Judicium interponeremus, quo tutius & efficacius Apostolica Auctoritate insana illa opinandi licentia comprimeretur, & imminentia Catholicae Religioni pericula propellerentur.

Quibus in precibus cum praestans pietatis, ac veritatis studium deprehenderemus, gratias egimus Patri Misericordiarum, ac Deo totius

Conso-

Nachdem nun hierüber viele Briefe und Klagschriften zu uns einflossen, so erinnerten Wir Uns an das, worüber sich Leo der Große in seinem Synodalbriefe an den Flavian beklagte: Daß diejenigen auf diese Thorheit verfallen, die, wenn sie bey einer dunkeln Stelle in Erkenntniß der Wahrheit gehindert werden, ihre Zuflucht nicht zu der prophetischen Stimme, nicht zu den apostolischen Briefen, nicht zur evangelischen Hoheit; sondern zu sich selbst nehmen. In diesem Stücke ist ganz gewiß, was der heil. Cälestin schon längstens in seinem Briefe an die Geistlichkeit und das Volk zu Konstantinopel schrieb: Daß nämlich dergleichen Neulingsmeinungen bloß aus Liebe zur eiteln Ehre entstünden. Wenn nämlich Einige selbst spitzfindig, einsichtsvoll, und weise seyn wollen, so suchen sie etwas Neues hervor, wodurch sie sich bey unerfahrnen Leuten den Ruhm eines Scharfsinns erjagen wollen.

Bey diesen betrübten Umständen und Gefahren hat Uns doch die fromme Sorgfalt, und unbesiegte Stärke der vortreflichsten Kirchenvorsteher der berühmten deutschen Nation eine nicht geringe Linderung verschaft. Denn diese wandten selbst anfänglich alles mögliche an, dem aufglimmenden Uebel und feindlichen Behauptungen Theils durch schickliche Ermahnungen; Theils durch Verbothe mit Beyziehung der Meinungen der gelehrtesten Männer allenthalben Widerstand zu thun. Da ihnen nun auch ihrer Klugheit gemäß nicht unverborgen blieb, daß es eine alte und jederzeit in der ganzen Welt beybehaltene Regel sey, daß denen, die aus der Apostolischen Quelle ihre Entscheidungen herholen, sie ihnen auch jederzeit und in allen Ländern zufliessen. (Vorzüglich da sich alle unsere Brüder und Mitbischöfe so oft es sich um einen Glaubenssatz fragt, nur an den Petrus d. i. an den Urheber ihres Namens und ihrer Ehre in derjenigen Stücken wenden, die allen Kirchen in der ganzen Welt zum gemeinschaftlichen Nutzen gereichen können) so sind sie dem Beyspiele der rechtgläubigen Väter gefolgt, und unterliessen nicht die ganze Sache an Uns gelangen zu lassen; bathen Uns auch zugleich, daß Wir Unser Urtheil über dieses giftige Buch ergehen lassen möchten, damit jener thörichten

Confolationis, qui hoc eximio fuae largitatis beneficio confolari nos voluit in hac tribulatione noftra, eaque laetitia perfundere, qua exultat Ecclefia, cum Paftores eam, quam debent, gregibus fuis follicitudinem impendunt.

Nos itaque pro Apoftolico munere, quo licet immeriti fungimur, & animas pretiofo Salvatoris Domini Noftri Jefu Chrifti Sanguine redemptas paftorali Charitate, quantum Nobis ex alto conceditur, ab omni erroris, & impietatis contagio immunes reddere cupientes, praedictum Librum Latino primum, & Italico item fermone verfum diligenti, & accuratiori praeclarorum in Sacra Theologia Magiftrorum examinini, & cenfurae fubiici mandavimus, uti rei gravitas poftulare videbatur; fubindeque doctiffimorum Virorum habitis Confulationibus, auditisque femel atque iterum fuffragiis Venerabilium Fratrum Noftrorum S. R. E. Cardinalium in tota Republica Chriftiana adverfus haereticam pravitatem Generalium Inquifitorum, coram Nobis adftantium, moto proprio, & ex certa fcientia noftra, deque Apoftolicae poteftatis plenitudine antedictum Librum *Johannis Laurentii Ifenbiehl's novum tentamen in Prophetiam de Emmanuele* 1778, in duas partes divifum, absque ulla loci fignificatione, & legitima approbatione typis impreffum, tamquam continentem doctrinam, & propofitiones refpective falfas, temerarias, fcandalofas, perniciofas, erroneas, haerefi faventes, & haereticas damnamus, ac pro damnato, & reprobato, in perpetuum haberi volumus atque decernimus.

Mandamus infuper, ne quisquam ex Chrifti fidelibus cujuscumque gradus, & dignitatis, quamvis fpecialiffima nota dignis, Librum praedictum jam Typis editum, five manu confcriptum, vel in fuo Originali, vel in quacumque alia verfione legere, retinere, vel denuo imprimere, feu imprimi facere audeat, aut praefumat fub poena fufpenfionis

richten Freyheit zu denken desto sicherer und wirksamer durch die Apostolische Gewalt Inhalt gethan, und den der katholischen Religion drohenden Gefahren vorgebogen werde.

Da wir also bey dieser ihrer Bitte eine vorzügliche Liebe zur Wahrheit und Frömmigkeit wahrnahmen, so danken Wir dem Vater der Barmherzigkeit, und dem Gott alles Trostes, der Uns bey dieser Bedrängniß noch mit dieser vortreflichen Wohlthat seiner Güte trösten, und mit jener Freude erquicken wollte, womit die Kirche frolocket, wenn die Hirten sich mit derjenigen Sorgfalt, die ihnen obliegt, für ihre Heerden verwenden.

Da Wir also Unserm Apostolischen Amte gemäß, das Wir, wiewohl ohne Unsere Verdienste verwalten, die durch das kostbare Blut Jesu Christi unsers Herrn und Heilands erlösete Seelen so viel als es Uns von Oben herab verliehen ist, von aller Seuche des Irrthums und der Gottlosigkeit bewahren wollen, so haben Wir gedachtes anfänglich in Latein verfaßtes, hinnach aber auch in's Italiänische übersetzte Buch der fleißigen und genauern Prüfung der vortreflichen Lehrer in der geheiligten Theologie, und ihrer Censur zu unterwerfen befohlen, wie es die Wichtigkeit der Sache zu erheischen schien.

Nachdem nun die gelehrtesten Männer ihre Berathschlagungen darüber gehalten, und Wir auch wiederholter Maaßen die Stimmen unsrer ehrwürdigen Brüder der Kardinäle der heil. Römischen Kirche der Generalinquisitoren in der ganzen Christengemeinde, die bey Uns sind, angehört haben, so verwerfen und verdammen Wir aus eigner Bewegung, und Unsrer gewissen Wissenschaft, und aus Apostolischer Vollmacht gedachtes Buch Johannis Laurentii Isenbichl's novum tentamen in Prophetiam de Emmanuele 1778, welches in zween Theile abgetheilt, und ohne Benennung des Druckorts und rechtmäßiger Gutheißung gedruckt ist, als ein Buch, welches eine Lehre und respektive falsche, vermessene, ärgerliche, schädliche, irrige, der Ketzeren günstige, und ketzerische Sätze enthält; wollen zugleich und befehlen, daß es auf immer für verworfen, und verdammt gehalten werden soll.

Ueber-

fionis a divinis quantum ad Perfonas Ecclefiafticas; quantum vero ad Perfonas Saeculares fub poena Excommunicationis Majoris ipfo facto absque alia declaratione incurrendis, quarum abfolutionem, & refpective relaxationem Nobis, & Succefforibus noftris Romanis Pontificibus refervamus, excepto dumtaxat, quead excommunicationem praedictam, Mortis articulo, quo nimirum quilibet Confeffarius ab hujusmodi Cenfura, ut praefertur, incurfa abfolvere poterit.

Praecipimus quoque Bibliopolis, ac Typographis, ceterisque omnibus, & fingulis cujuscumque gradus, conditionis, & dignitatis Perfonis Ecclefiafticis, & Saecularibus etiamfi fpeciali, & individua mentione indigeant, ut quatenus praedictus Liber vel in fuo Originario, vel in quocumque idiomate impreffus, vel etiam manufcriptus ad eorum manus devenerit, ftatim deferre illum teneantur Ordinariis Locorum fub eisdem fufpenfionis a Divinis comminatis poenis, ac refpective Excommunicationis.

Reliquum eft, quod Votis omnibus exoptamus, & humili prece a Deo petimus, ut qui humana inftabilitate abalienari fe paffi funt, ac circumferri omni vento Doctrinae, Scripturas depravantes in fuam & aliorum perditionem, Divina opitulante Gratia, in viam, & ad Cor redire non morentur, ac voci Ecclefiae docibiles effecti in ejus finum recurrant, peramanter excipiendi. Loquimur cum *Caeleftino ad Cyrill*- = *Studeo quieti Cacholicae, ftudeo pereuntis faluti, fi tamen voluerit aegritudinem confiteri; quod ideo dicimus, ne volenti fe corrigere forfitan deeffe videamur* = Et ut *S. Leo ad Pulcheriam* habet = *Sedis Apoftolicae moderatio hanc temperantiam fervat, ut & feverius agat cum obduratis, & veniam cupiat praeftare correctis.* =

Ut

hieherdas befehlen Wir, daß kein Christgläubiger, wessen Standes und Würde er sey, wenn es auch die ansehnlichste wäre, es wage und sich unterstehe, gedachtes Buch gedruckt oder geschrieben; weder in der Urschrift noch in was immer für einer Uebersetzung zu lesen, zu behalten, ferner noch zu drucken, oder drucken zu lassen, und zwar bey Strafe der Suspension von geistlichen Verrichtungen, wenn es geistliche Personen sind, oder wenn es weltliche sind, bey Strafe der größern Excommunication, die gleich auf die That selbst ohne weitere Erklärung incurrirt werden soll, und wovon Wir die Lossprechung respective Auflösung Uns und Unsern Nachfolgern den Römischen Päbsten vorbehalten, den einzigen Fall ausgenommen, wenn Jemand mit gedachter Excommunication in den letzten Zügen läge, in welchem Falle jeder Beichtvater von einer solchen vorgeblich incurrirten Censur lossprechen wird können.

Wir befehlen auch den Buchhändlern und Buchdruckern, und all übrigen, wessen Standes oder Würde sie auch sind, geistlichen und weltlichen Personen, wiewohl sie auch sonst einer sonderheitlichen und namentlichen Meldung bedürfen, daß, wenn ihnen gedachtes Büchelchen entweder in seiner Ursprache, oder in was immer für einer Uebersetzung oder Handschrift zu Handen kommen soll, sie es bey eben oben angedroheten Suspensions- von geistlichen Verrichtungen und respective Excommunicationsstrafen den ordentlichen Bischöfen jedes Orts auf der Stelle einliefern.

Uebrigens wünschen Wir recht sehr, und flehen Gott mit Unserm demüthigen Gebethe an, daß diejenigen, die sich durch menschliche Unbeständigkeit verleiten, und von jedem Winde der Lehre herumtreiben ließen; indem sie die Schrift zu ihrem und anderer Untergange verderben, durch die göttliche Hilfe wieder auf den rechten Weg zurückzukehren, in sich selbst zu gehen nicht säumen, sondern nachdem sie durch die Stimme der Kirche gelehrig geworden, sich in ihren Schooß zurücke begeben, wo sie liebreich werden aufgenommen werden. Wir reden mit Cälestino an den Cyrill: Ich bemühe mich um die katholische Ruh. Ich bemühe mich um das Heil dessen, der zu Grunde geht; wenn er je bekennen will, daß er krank sey. Und dieses sagen Wir darum,

Ut autem eaedem praesentes Litterae ad omnium notitiam facilius perducantur, nec quisquam illarum ignorantiam praetexere possit, volumus, & mandamus, illas ad valvas Basilicae Principis Apostolorum, & Cancellariae Apostolicae, nec non Curiae Generalis in Monte Citatorio, & in Acie Campi Florae de Urbe per aliquem ex Cursoribus nostris, ut moris est, publicari, illarumque Exempla ibi affixa relinqui; Sic vero publicatas perinde afficere omnes & singulos, quos concernunt, ac si unicuique illorum personaliter notificatae & intimatae fuissent: Ipsarum autem Litterarum praesentium Transumptis, seu Exemplis etiam impressis, manu alicujus Notarii publici subscriptis, & Sigillo Personae in Ecclesiastica Dignitate constitutae munitis, eamdem fidem tam in Judicio, quam extra illud ubique Locorum haberi, quae eisdem praesentibus haberetur, si forent exhibitae & ostensae. Datum Romae apud Sanctam Mariam Majorem sub Annulo Piscatoris die XX. Septembris MDCCLXXIX. Pontificatus Nostri Anno V.

I. Card. De Comitibus.

Anno a Nativitate Domini Nostri JESU CHRISTI Millesimo septingentesimo septuagesimo nono, Indictione undecima, die vero vigesima Septembris, Pontificatus autem Sanctissimi in Christo Patris & D. N. D. PII Divina Providentia PAPAE VI. Anno Quinto, supradictae Litterae Apostolicae affixae, & publicatae fuerunt ad valvas Basilicae Principis Apostolorum, Cancellariae Apostolicae, Curiae Generalis in Monte Citatorio, & in Acie Campi Florae, ac in aliis locis solitis, & consuetis Urbis per me Petrum Besani Apostolicum Cursorem.

Jacobus Butti Mag. Curs.

daß Wir nicht etwa demjenigen, der sich beſſern will, Unſre Hilfe zu verſagen ſcheinen. Und wie der heil. Leo an die Pulcheria ſchrieb: Der Apoſtoliſche Stuhl hält ſich in ſolcher Mäßigung, daß er die Verſtockten ſchärfer behandle; denen aber, die ſich beſſern, Vergebung angedeihen laſſe.

Daß aber dieſes gegenwärtige Verboth deſto leichter zu Jedermanns Wiſſenſchaft gelange, und Niemand eine Unwiſſenheit vorſchützen kann, ſo wollen und befehlen Wir, daß es an den Thoren der Baſilika des Fürſten der Apoſtel, und der Apoſtoliſchen Kanzellarie, wie auch an der Generalcurie in Monte citatorio, und in acie Campi florae in der Stadt durch einen Unſrer Bothen, wie es gewöhnlich iſt, öffentlich kund gemacht, und die Exemplare davon öffentlich angeſchlagen zurücke gelaſſen werden. Daß es alſo auf dieſe Art kund gemacht alle überhaupt, und jeden in's beſondere, die es angeht, betreffe, als wenn es Jedem ſonderheitlich und perſönlich zu wiſſen, und kund gemacht worden wäre. Auf gleiche Art ſollen den Abſchriften gegenwärtigen Verboths, oder auch den gedruckten Exemplaren, wenn ſie von einem öffentlichen Notär eigenhändig unterſchrieben, oder durch ein Siegel einer in Kirchenwürde ſtehenden Perſon geſertigt ſind, eben derſelbe Glauben ſowohl gerichtlich als außergerichtlich allenthalben beygemeſſen werden, den man dieſem gegenwärtigen, wenn es vorgewieſen oder vorgezeigt würde, beymeſſen würde.

Gegeben zu Rom apud S. Mariam Majorem ſub annulo Piscatoris den 20ſten September 1779 im 5ten Jahre Unſers Pabſtthums.

I. Card. de Comitibus.

Im Jahre ſeit der Geburt unſers Herrn Jeſu Chriſti 1779 indictione undecima, den 20ſten September, im 5ten Jahre des Pabſtthums unſers heiligſten Vaters in Chriſto, und Pius aus göttlicher Vorſicht Pabſtes VI. iſt obengedachter Apoſtoliſcher Brief an dem Thore des Fürſten der Apoſtel, der Apoſtoliſchen Kammer, der Generalcurie in *Monte Citatorio* und in *Acie Campi Florae*, und an andern Orten der Stadt, wo es gewöhnlich iſt, und zu geſchehen pflegt, durch mich Peter Beſani Apoſtoliſchen Bothen angeſchlagen worden.

Jacobus Butti Mag. Curſ.

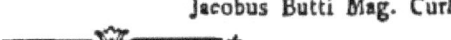

www.ingramcontent.com/pod-product-compliance
Lightning Source LLC
Chambersburg PA
CBHW031123160426
43192CB00008B/1092